法律知識で読み解く　福岡・博多

それどげんなると？

弁護士　波多江愛子

梓書院

はじめに

皆さんは、「法律」や「裁判」という言葉に、どんなイメージをお持ちでしょうか？「難しそう」「とっつきにくい」「自分には関係ない」そんな風に思われている方も多いと思います。

でも、世の中の色々なことが法律に従って動いています。また、身の回りで起こった様々なトラブルが法律に従って解決されています。

実は、私たちの生活の隅々まで法律がかかわっているのです。

ずっと昔に教わった記憶のある「法治主義」というあれです！

弁護士として日々法律を扱う身として、そんな法律を少しでも身近に感じていただくためにはどうしたらいいか？

興味を持っていただくためにはどうしたらいいかを、私なりに考えました。

そこで、思いついたのが、私が生まれ育った福岡・博多の歴史や街のあるあるを、法律で解説してみることでした。

私の大好きな、福岡・博多の街をご紹介できて、なおかつ、法律を身近に感じていただくことができるなら、こんなに素晴らしいことはない。

そういう思いで、この本を書くことにしました。

福岡・博多は、大陸への玄関口として古くからにぎわってきました。驚くような歴史や史実も数多くあり、またそこに住む人々は個性的で実に愛すべき存在です。そして、街中には魅力と不思議がいっぱいです。この本で少しでもそういう福岡・博多のことがお伝えできればいいなと思います。

また、弁護士として仕事をしていく中で、不意にトラブルに巻き込まれ、身も心もすり減らしていく姿を見ることがあります。もちろん、そのような時に力強く伴走するのが私たちの仕事なのですが、法律に従えばどうなるかを知っていたならば、事前に危険を察知したり、何か起こった後でも危機を回避し、損害を最小限にできたのにと思うこともあります。この本が、少しでも、そういう危険を察知するヒントとなり、よりよい解決をもたらす道しるべとなればいいなと思います。

読みやすさを考えてくだけた内容にしていますが、きちんと実際の法律に基づいて書きました。なるべく、実際に起こりそうな事例を設定したつもりです。気軽に寝ころんで、「へ〜、知らなかった」と思いながら読んでいただければ幸いです。

２０１９年２月吉日

あかつき法律事務所　弁護士・波多江　愛子

＊目次＊　それどげんなると？　法律知識で読み解く福岡・博多

福岡・博多の〔街 編〕

福岡・博多の〔行事編〕

福岡・博多の〔歴史編〕

金　印

1

金印、発見した人はもらえんと？

——福岡の宝といえば、国宝「金印」[*1]ですよね。教科書にも出てました。この金印は江戸時代に農民が掘り当てたものみたいなんですけど、この農民はせっかく掘り当てたのに金印はもらえないんでしょうか？

例えば、今、誰かが畑を掘っていて金印が出てきたら自分のものにできるのでしょうか？

結論から言うともらえないんです。

せっかく見つけても自分のものにすることはできません。

——えー。落とし物はもらえることがあるということを聞いたことがあるんですが……。

そうそう。落とし物だと、「遺失物」として3ヵ月したらもらえる場合があるんですよ。銀座の路上で[*2]1億円を拾った人が後でもらったという事件や、[*3]竹やぶで2億円が見つかった事件もありましたよね。

落とし物じゃなくて、土の中に埋まったものでも「埋蔵物」として6ヵ月したらもらえる場合があります。

[*4]民法で、「遺失物」なら3ヵ月、「埋蔵物」なら6ヵ月、遺失物法に定める公告をしても所有者が判明しない時は発見者等がもらえるとしているからですね。

ただ、金印みたいな文化的な価値があるものはそうはいかないんです。

——どうしてですか？

文化財保護法というのがあって、文化財にあたるとダメなんです。

まずですね、土の中から何か出てくるじゃないですか、出てきたものが誰の物か分からない場合、見つけた人は、埋蔵物を遺失物法の定めるところに従い警察署長に差し出さなければならないとされているんですよ（民法241条、遺失物法4条）。

そのままもらったら、占有離脱物横領罪[*5]になる可能性もあるので、注意が必要ですよ。

そして、提出を受けた警察署長は、公告をして所有者を探して（遺失物法7条）、所有者が分かれば、その人に返します。

所有者が不明な場合でも、文化財にあたる可能性があるなら、文化財にあたるかどうか教育委員会に調べてもらうんです。文化財保護法[*6]という法律に定められてるんですよ。

それで文化財だという事になれば、都道府県のものになります。発見者はもらえません。

結局、今、金印みたいな文化的な価値のあるものが畑から出てきたら、都道府県のものになってしまうんです。

——文化財にあたらなければどうですか？

もちろん、文化財にあたらないということであれば、民法の定めどおり、警察署長が公告して誰の物か判明しなければ6ヵ月後に発見者のものになります。但し、埋まっていた土地が発見者以外の土地だったら土地の所有者と同じ割合でもらうことになります（民法２４１条但書）。

——文化財にならなければもらえるけど、文化財になればもらえないんですね。でも、それじゃぁあんまりじゃないですか？　何かもらえないんでしょうか？

はい。お礼の制度はあります。報償金といってちゃんとそこは手当されています。

——いくらくらいもらえるんですか……（笑）。

その価格に相当する報償金を発見者と土地の所有者に折半して支給することになっています。自分の土地で発見していれば、全額もらえます。

但し、具体的にいくらでるかは、物によりけりでしょう（笑）。

あと、所有者が分かって返還された場合も報労金といってお礼がもらえますよ。これは物件の価格の五分から二割までとされていて、遺失者がその額を自由に決めることができます。相場は一割程度だそうです。但し、見つけて速やかに提出しないともらえなくなるので注意ですよ。[*7]

——ちなみに金印が出てきた志賀島には何か思い出などありますか。

小さい頃、博多埠頭のすぐ近くに実家があったので、親の仕事が終わって、そこから市営渡船に乗って志賀島の海水浴場に行って泳いでいたのを覚えていますね。夕陽が綺麗だった。あと、志賀島はドライブの名所なので、学生時代に、免許を取ってすぐドライブに行ったり、わりと最近だと、「金印マラソン」というイベントに何回か出たりとか。志賀島は、ちょうど1周10キロなんですよね。その10キロをのんびり走ろう、みたいなマラソン大会なんですけど。

——「走ろう」と思ったきっかけなどはあったんですか?

私、小さい頃、足が速かったんですよ。だから走るのは自信があったんですけど、10年くらい前、校区の運動会の親子競技に子どもと出たんですね。その時「絶対一番になるよ」って言って、子どもにカツを入れてスタートして、そうしたら、一生懸命走っているんですけど、子どもが「お母さん、走って！　走って！」って言うんですよ。それで愕然としまして。「あれ？もしかして、私走れてない？」って。それからこのままじゃマズイ、あの頃をもう一度！　という思いではじめました（笑）。

――結構、志賀島には馴染みが深いんですね。

そうですね。さっきの金印マラソンで、ちょうど金印公園[*8]の前あたりは、8〜9キロ地点ぐらいなんですよ。凄くきつくて、ヒィヒィ言いながら走ってました。

――金印は有名ですけど、金印公園って、以前はがっかりスポットの一つとして知られていましたよね（笑）。

あはは、そうかも（笑）。すごくでっかい「金印公園」っていう石柱みたいなのがあるんですけど、随分上まで上がって。でも他には何もない（笑）。

――特に見晴らしが良い訳でもなく。

ここかぁ……。なんでこんなところから王の印が出たとかいな……で終わりみたいな。私に歴史のロマンを感じる力がないだけでしょうけど（笑）。

――金印見るなら福岡市博物館に行かないと。

そうですね（笑）。あ、でも金印公園は最近全面リニューアルされてきれいになってるみたいなので、久しぶりに行ってみようかな。

【結論】 文化財にあたるのでもらえないが、報償金はもらえる。

［＊脚注］

1　金　印

福岡市博物館収蔵品の国宝。１７８４（天明４）年、福岡市東区志賀島で農民により田んぼで発見された。当時の福岡藩の藩主・黒田家が預かっていたが、１９７８年に福岡市に寄贈された。印面に刻まれている「漢委奴国王」の文字は、日本に関する文字の中で最古といわれている。

2　1億円拾得事件

１９８０年４月25日に東京都中央区銀座で一般人が1億円を拾った事件。拾得物として警察に届け６ヵ月後（その後法改正があり公告期間が３ヵ月とされる）発見者が全額を受け取った。

3　竹やぶ2億円事件

１９８９（平成元）年４月11日、一般人が川崎市高津区の竹やぶで1億４５００万円の入ったバッグを発見、さらに４月16日には別の一般人が９０００万円の入ったバッグを発見した事件。その後所有者がみつかった。

4　遺失物と埋蔵物

民法上、遺失物については、遺失物法の定める公告をした後３ヵ月（遺失物）、埋蔵物については６ヵ月（埋蔵物）以内に所有者が判明しない時は、取得者・発見者が所有権を取得するとされている（民法２４０、２４１条）。

5　占有離脱物横領罪（遺失物等横領罪）

遺失物、漂流物その他占有を離れた他人のものを、横領したものは、1年以下の懲役または10万円以下の罰金若しくは科料に処する（刑法254条）とされている。

6　文化財保護法

・遺失物法第4条第1項の規定により埋蔵物として提出された物件が文化財と認められるときは、警察署長は直ちに教育委員会に提出しなければならない（101条）。

・教育委員会が文化財と認めた埋蔵物で、その所有者が判明しないものの所有権は、都道府県に帰属する（105条1項）。

・所有権が都道府県に帰属した場合、発見者及び土地の所有者にその価格に相当する報償金を支給する（105条1項）。発見者と土地の所有者とが異なるときは、折半して支給する（同2項）。

・なお、国等の発掘調査で文化財が発掘された場合は、所有者が判明しないものの所有権は国庫に帰属し、発見された土地の所有者に価格の2分の1に相当する報償金が支給される（104条）。

7　遺失物法28条、34条

遺失物法28条

物件の返還を受ける遺失者は、当該物件の価格の百分の五以上百分の二十以下に相当する報労金を拾得者に支払わなければならないとされている。

遺失物法34条

次の各号に該当する者は、その拾得をし、又は交付を受けた物件について報労金を請求する権利を失うとして、「交付を受け、又は自ら拾得した日から二週間（一定の場合一週間）以内に提出しなかったもの」（5号）があげられている。

8　**金印公園**

福岡市東区志賀島字古戸1865番地

海の向こうの能古島・也良岬と向かい合う公園には、「漢委奴國王金印発光之処」記念碑が建っている。園内には志賀島を中心とした古代の地図や福岡と関係が深かった中国の古代史家で文学者でもあった郭沫若の詩碑などもある。2018（平成30）年3月18日リニューアル。

黒田節

② 飲み取られた槍「やっぱり、返して！」って言えん？

――「〽酒は飲め飲め 飲むならば……」。*1 黒田節、福岡の人間なら一度は聞いたことがあるんじゃないかなと思いますが。

今はあんまり聞かないかもしれませんね。もう何年も聞いてないような……。

――私が中学のときは、体育祭で団長が黒田節を踊っていましたよ。

さて、この黒田節というのは、母里太兵衛という黒田家の家臣が、福島正則という武将から、「この大杯の酒を飲み干せたら、何でも褒美を取らす」と言われたのに対して、本当に飲み切ってしまい、その福島正則が大事にしている天下の名槍、日本号という槍をもらい受けた話ですよね。「その槍ください」なんてよく言ったもんだなと思いますけど（笑）。

本当ですよね（笑）。

――武士に二言はないということで、正則は日本号を太兵衛に与える訳ですが。このケースで、例えば翌日に正則が「ごめん、やっぱり返して」と言ったとして、取り返せるものなのかなぁと。

ものをあげるという話なので、法律的には贈与[*2]という事になります。対価をもらう訳でもないので、心変わりしたときは撤回できるということになっています。民法で書面によらない贈与[*3]はいつでも撤回することができる、とされているんですよ。

なので、勢いで「やるやる」と言ったものを、「あれやっぱりなしね」というのが、基本的にはできるようになっています。ただ、書面できちんと約束したものは撤回できないんです。

この事例に置き換えると、何でも褒美を取らせるっていうのを、書面に残さず、口で言っただけならば、撤回できます。「やっぱりあれなしね」と言えるんです。

――口約束なら、武士であっても二言OKだよと。

そう。ただこれにも例外があります。残念なことに書面によらない贈与でも履行が終わったものについては、撤回できないんです。それは口約束でも、もう渡してしまった後に「やっぱり返して」はあんまりやろ、ということです。

この福島正則さんも、太兵衛が飲み干す前に「やっぱりダメダメ」って言ってればセーフだけど、槍を渡したあとに「返して」は無理、ということになります。

――なるほど。ちなみにすごくグレーな瞬間で、先ほど飲み干す前に「やっぱり、ダメダメ」と言えばセーフということでしたが、飲んじゃったあと、槍を渡す前に「やっぱり、なし」と言って槍を引っ込めたらアウトですかね。

セーフです。撤回できなくなるのは履行が終わった時なので。分かれ目は、贈与を履行したかどうかなんですよ。この日本号を「はい」と渡す。これが履行なので、渡す前に「ごめん無理」と引っ込めればセーフ。渡してしまったらアウト。福島さんは日本号を返してもらえない。

——仮に正則がどうしても渡したくなかったとしたら、武士に二言を出して、何でもいいって言ったけど……。

そうそう。「やっぱりこっちでどう?」と、日本号を渡さずに別のものを渡すみたいな話だったらセーフ。

——なるほど(笑)、おもしろい。でも、こういうお酒のトラブルとか色々ありそうですね。特に福岡はお酒を良く飲むといわれる土地柄ですけど、波多江先生も、お酒はお好きでいらっしゃるんですか?

はい。お酒は何でも飲みます。特にビールだったらいつまででも飲めます。

――いつまででも（笑）。

最近は日本酒を飲むことも多いですかね。若い時は焼酎をよく飲んでいました。

――福岡は今でこそ焼酎をよく飲む街と思われていますが、元々は日本酒の街ですもんね。

そういえば、弁護士になる試験に受かったあと、全国から合格者を集めて1年半ぐらい研修[*4]があるんですけど、そこで仲良くなったクラスメートと卒業後旅行に行った先が、神戸の酒蔵でした（笑）。その子が名古屋で私が福岡で、丁度真ん中だし、お酒落だしってことで神戸で落ち合ったんですけど、いざ着いて、「何する？」ってなった時に、なんか酒蔵が蔵開きらしいよって、二人で飲みに行きました。

――せっかくお洒落な街に行ったのに、行った結果酒蔵ですか（笑）。

二人で朝から酒蔵まわって、自分へのお土産にお酒買って、酒瓶をさげて神戸の町を歩いた（笑）。

――それだけお酒が好きだと、お酒を飲み過ぎて、福島正則じゃないですけど、「やってしまった！」みたいなこともあったり……。

それはもう言えない話ばかりで……ここでは自粛させていただきます（笑）。

【結論】 渡す前ならセーフ。渡してしまえばアウト。

［＊脚注］

1　黒田節

福岡県福岡市の民謡。

母里太兵衛が、福島正則から、１５９０（天正18）年の小田原城攻めの手柄に豊臣秀吉より賜った名槍「日本号」を賭けて飲み取った故事をもとに作られた。

福岡では、酒席の酒盛り唄として歌われてきたもので、本来は「筑前今様」と呼ばれていた。意味は「今めかしき当世風の歌」。

「飲め飲め酒を飲み込みて日の本一のその槍を取りこすほどに飲むならばこれぞまことの黒田武士」の最後をもじって「黒田節」となったといわれている。

（補足）実際に、福島正則は翌日、槍を返してくれるよう頼んだが、母里太兵衛に断られている。

2　贈与（**民法５４９条**）

贈与は、当事者の一方が自己の財産を無償で相手方に与える意思表示をし、相手方が受諾をすることによって、その効力を生じる。

3　書面によらない贈与（**民法５５０条**）

書面によらない贈与は、各当事者が撤回することができる。ただし、履行の終わった部分については、この限りでない。

4　司法修習

司法試験に合格した後、裁判官、検察官、弁護士になるためには、司法修習という研修を受けなければならない。実務修習の他、埼玉県和光市にある司法研修所での研修もあり、全国から修習生が集められ学校のようにクラスで授業を受け試験を受ける。修習の同期や同クラスは、クラスメートや同窓生のような関係になる。筆者の当時は修習期間は1年半、現在は1年。

太宰府

3 理不尽な転勤命令、断りたいっちゃけど

——福岡で代表的な観光地といえば、太宰府。博多からは少し離れるんですけど、高い人気を誇る観光スポットです。九州国立博物館ができた相乗効果も出てますし。

太宰府天満宮に奉られているのは、学問の神様・菅原道真公。ただ、道真公は自ら望んで太宰府に来たのではなくて、元々は華々しい出世コースを突き進んでいたところ、いきなり左遷されたと言われていますね。

通説では、ライバルの謀略によって、ですね。

——はい。そして失意のうちに亡くなったと言われていますが、道真公の死後、そのライバ

ルや関係者が次々と亡くなったそうです。これを道真公の崇りだと恐れた朝廷が天神様として祀ったのが、太宰府天満宮なんですよね。

実際そういった謀略によって左遷されるような場合、「行きたくないです」と転勤拒否はできるものなんですか?

現在の会社になぞらえたら、ライバルが人事や管理職者に嘘を言って、地方に飛ばさせたというような話ですよね。この転勤の命令を受けた人が拒めるかという問題ですが、まずポイントとなるのが「就業規則」です。

就業規則に「転勤を命じる場合がある」というような規定があるかどうかなんですね。通常それはあるでしょうし、道真公のケースでも、太宰府に来る前には讃岐の国に赴任して業績を上げて京都に戻ったりしているので、転勤を命じること自体は問題ないと考えられます。

——道真公が勤めていたのが会社であれば、「転勤があるかも」という前提で就業規則にも明記されていただろうと。

はい。次は命じることに合理性があるのかが問題になります。ここでそのライバルの藤原時平[*1]が、道真公が何か悪事をしていたというような嘘の事実、嘘の事件を会社に言って、そのことで転勤命令が出されたとします。これは濡れ衣ですから転勤させられる合理的な理由がなく、転勤を拒めるということになります。

ただ、会社がストレートに嘘の事件を理由にして転勤を命じてくれれば、それが嘘だと証明できれば拒めるでしょうが、難しいのは、会社側が何かそれらしい理由を付けてきた場合です。例えば、「地方支店のテコ入れのため、実績のある君を送り込んで、支店の業績を良くしようと考えている」、みたいな、それっぽい理由を付けられた場合です。「いやいや、時平が言った嘘の事件の事で転勤させようとしてるんですよね」と言っても、「いや違う、地方支店のテコ入れだ」と言われるとなかなか難しい。

——なるほど。転勤の理由が何なのかや、その理由がおかしいという事を、転勤させられる方が明らかにするのは簡単じゃなさそうですね。

そうなんです。転勤を命じた時に、命令した上司が、「お前がかくかくしかじかでこんなことをしたから転勤させるんじゃ」って何か文書に書いていれば、それが違うと立証して転勤を免れることができるかもしれないですが、通常そんな理由を正面から説明しないでしょうし、説明された場合でもそれが事実でないと立証することは簡単じゃありません。

――理由が何であるかや、それを覆す証拠が重要な訳ですね。

転勤だけでなく、解雇とかの時でも同じで、なぜ解雇するのかというのは書面でもらっておくべきです。あとで揉めた場合、揉めてから説明を求めても、会社は必ずそれらしい理由をくっ付けてくるからですね。

辞めろと言われたその時点で、「その理由を文書でください」と求めておくといいです。あとは、その理由に合理性があるかどうかを精査すればいい訳です。なので、もしも転勤とか解雇だとか言われて腑に落ちない人は、その理由などを聞いて文書でもらっておくといいと思いますよ。後からもっともらしい理由をつけられないように。

——後出しではなく、その時に理由を聞いて書面で出してもらうというのが大事なんですね。

それと、転勤命令に合理的な理由がある場合でも、現代でいえばですが、「子どもがまだ小さいから転勤できない」とか、「親の介護がある」とか、事情がある場合、転勤拒否が認められる事があります。道真公にそういう事情があったかどうかは分かりませんけど、会社に転勤命令を出す合理的な理由があるとしても、こちらにもそれを拒む合理的な理由があれば拒否できます。

——ところで、太宰府や筑紫野に行くと、道真公の歌碑が結構あちらこちらにあるんですが、凄まじいホームシックにかかっていて、そんなに福岡が嫌い？　と思うぐらいボロクソに書かれているんですよね（笑）。

まぁ、当時の都からしてみれば、随分な田舎でしょうからね。

——出世コースから外れた疎外感っていうのもあったんでしょうけど。波多江先生は、太宰府の方に何か思い出とかはありますか？

太宰府といえば「だざいふ遊園地」。なんとなく記憶があるんだけど、毎回たどり着かないんですよ。

——たどり着かない……？　ミステリー的な？

子どもの頃の話ですよ。遊園地らしき所があるはずなのに、母親に聞いても「ないねぇ。おかしいねぇ」って言って、見つけられないまま帰ってくるという思い出があって。
今考えると、場所は母も知っていたと思うんですけど、遊園地なんかに連れて行ったら、もっと遊ぶだの帰らないだの言って大変なので、お参りして、梅ヶ枝餅だけ食べて、そこら辺で遊ばせて手っ取り早く帰りたかった、ということなんじゃないかなって（笑）。

――そんな陰謀があったんですね。

はい。どす黒い陰謀です（笑）。でも、私も母親になって、その気持ちがよく分かります。うちの子どもたちも、福岡市動物園では、つい最近まで遊園地にたどり着いていませんでしたから。

――あの上の方にある、例の場所にはたどり着かなかったんですね。

カバのところでUターンして。

――歴史は繰り返す……。でも、太宰府が現在栄えているのも、道真公が左遷されてきたおかげ、ということになりますよね。

道真公は、寂しかったかもしれませんが、そのおかげでできた太宰府天満宮が、今の太宰府の繁栄を呼んでいるような気がしますよね。気の毒だけど。でも濡れ衣は後の世で晴らせたことだし、太宰府もにぎわって福岡のみんなも感謝しているから、とりあえず道真公の供養になってるんじゃないかな。

【結論】 就業規則に定めがない場合、転勤に合理的理由がない場合、拒む合理的理由があれば拒める。

［＊脚注］

1　**藤原時平（ふじわらのときひら）**
平安時代の公卿。宮中のエリート。醍醐天皇の時代、左大臣の任に就き、右大臣の道真とはライバルだった。道真左遷の黒幕とされており、道真の死後間もなく39歳の若さで亡くなったため、その死は道真公の祟りだと言われた。

濡衣塚

④

何もしてないのに逮捕された！どげんかして！

――道真公の「濡れ衣」ということに関連してですが、福岡の知られざるスポットとして、博多区の千代に「濡衣塚」[*1]というのがあるんです。

■「濡衣塚」の由来

8世紀頃、聖武天皇の時代に、佐野近世という人が筑前の国司として妻と一人娘の春姫を連れてやって来た。しかし在任中に妻が亡くなったので後妻を迎え、後妻との間に女の子が生まれた。後妻は次第に春姫のことを疎ましく思うようになり、地元の漁師と共謀して、漁師に「春姫が釣衣を盗むので困る」と訴えさせた。さらに眠っている春姫に濡れた釣衣を着せ証拠とした。これを見た近世は春姫を斬り殺してしまったが、後に春姫が無実だったことが分かり、近世は深く悔いて妻を離縁、春姫を供養する塚を建てた。この経緯が「濡衣塚」、及び「濡れ衣」の言葉の由来とされている（※諸説あり）。

——この由来から分かる通り、春姫は無実、冤罪ですよね。そんな文字通りの「濡れ衣を着せられた」恨みというのは晴らせるのか、相手の罪を問うには、どういうケースがあり得るのかな、と。

こういった時の被害というのは、精神的なダメージも含めて非常に大きいですよね。それを晴らす手段として現代であれば、いくつか考えられます。

まず一つは、警察に嘘を言って逮捕させたような場合には、「虚偽告訴罪」[*2]というのがあって、その行為自体が犯罪になります。人に刑事または懲戒の処分を受けさせる目的で、虚偽の告訴・告発、その他申告をした者は3ヵ月以上10年以下の懲役に処するとされているんです。ここでいえば後妻ですよね。春姫さんは、父親に殺された訳ですけど、例えば後妻が当時の警察みたいなところに春姫を盗人として突き出したとしましょう。その場合だと今の法律なら春姫は、後妻を虚偽告訴罪で訴えることができます。虚偽告訴と認められれば、後妻は懲役刑を受ける可能性があります。これが、刑事上の責任の取らせ方です。

――刑務所に入って罪を償いなさいと。

そう。もう一つは「損害賠償請求」。根も葉もない嘘で盗人だということにされた上、このケースだと命を奪われてしまったので、殺されたことによる損害について賠償請求することが考えられます。相手は後妻と父かな。これは民事上の責任の取らせ方で、被害に遭った分をお金で賠償してもらうというものです。

あと、濡れ衣を着せられて捕まって、無実と分かるまでの期間は拘束されてしまうんですが、無罪の判決を受けた場合は、国が補償してくれます。

これを「刑事補償」[*3]というんですけど、全期間ではないのですが、拘束された日数に応じて国が補償金を支払ってくれます。だいたい1日1万円くらいが目安です。

――そういう制度もあるんですね。でも、例えば1年間拘束されたとして、それによって仕事ができなかったので、売り上げがこれだけ損をしたとか、仕事に支障が出たなど、拘束にまつわる不利益に対しては、補償はあるんですか？

国が補償してくれるのは、1日いくらという、拘束日数に応じた金額です。基本的にはそれ以上はないので、春姫は、国ではなく後妻や父に対する民事上の損害賠償請求の中で、事業の減収だとか、会社を解雇されなければ生じていたはずの利益とか、そういったものを請求していく形になるでしょう。

何よりいわれのない罪で拘束されたのですから、精神的苦痛に対する慰謝料も請求しないとですね。

――冤罪事件は時折ニュースになったりはしますが、一度有罪となった判決をひっくり返すのは難しいものですか。

難しいですね。以前、テレビドラマでも有罪率「99・9%」という数字がタイトルになってましたよね。算出方法によって違いはありますが、日本では起訴されると、100%に限りなく近い確率で有罪というのは事実です。だから起訴されると無罪にするのは難しい。99・9%なら無罪になるのは、1000件に1件ですからね。

——それでもやっぱり1000件に1件は無実を証明することができる?

「1000件に1件しかできない」という言い方が正しいのかなと思います。本当はもっといっぱい無実の人はいると思いますよ。でも、なかなか証明ができないんです。

今はしていないんですけど、以前は私も、刑事弁護をしていました。その頃やっぱり無罪の主張って結構あるんですよ。弁護士として「それはない」と思う時もあるし、「この人はやっていない」と思って一生懸命弁護する時もあります。でも、そういった中で無罪にするのはなかなか難しい。

――やってない、という証拠を揃えるのが難しいんですね。

捕まって起訴されているからには、怪しいと思える証拠自体はあるんですよ。真っ白な人が起訴されることは基本的にはなくて、だいたい「グレー」なんです。で、本当はやってないという場合でも、その怪しい証拠を元に「クロ」と言われるケースが大多数。怪しい証拠はあるけどやっぱりやっていないね、ということが証明できて、それを裁判官から認めてもらえるのが1000件に1件という話なんだと思います。

――その難しいという無罪判決を取られたことがあるとか。

弁護士になってわりと早い段階で取り扱った事件であります。

一つは、スクーターでひったくりをしたとして捕まった男の子の事件で、実際に現場付近にいて仲間とスクーターで遊んでいたんだけど、ひったくりをしたのは全く別の人、という事件だったんです。でも、彼らもスクーターで現場付近をぐるぐる周っていて、本当の犯人もその場所で、スクーターでひったくりをして逃げているので、すごく難しくて。当時その子は中学生だったんですけど、供述の矛盾とか色々頑張って主張立証して、何とか無罪（正確には非行事実なしという審判）が出ました。

もう一つは、20代前半の男性が、女の子を押して怪我をさせたという傷害事件。一生懸命やってなんとか無罪を勝ち取れたんだけど、その男性は就職が決まっていたのに、事件のせいで取り消されてしまって、長い間、確か1年近く拘束されて……。刑事補償をもらったとしても、カバーできない被害を受けました。だから、「無罪になったからよかった」でもないんですよね。

——そうなんですね。そういった濡れ衣を着せられないために、何か方法とか、無罪の立証をしやすくするために気をつけておくことはありますか？

「李下に冠を正さず」です（笑）。私の担当したひったくり事件でも、少年の素行が誤解された訳だし、傷害事件の方も盛り場みたいな所でワイワイやっていた流れで起こったんですけど、「間違われるようなことはしない」ということは大切。痴漢の冤罪もそうです。

痴漢は冤罪事件が多い典型なんですけど、触ってないことの立証なんてなかなかできない。

だから、男性の弁護士の中には両手で吊り革を持つとか、満員電車に乗らないとか、そういう風に自己防衛する人もいるくらいです。

――ここんとこ、男性の読者諸氏はぜひご参考に。

もう一つ、警察でとりあえず「やりました」って自白して、裁判所でちゃんと説明すればひっくり返ると思った、という事例。これは絶対ダメですから。一度認めてしまうと、裁判でひっくり返すのは非常に難しい。

私が担当した傷害事件の被疑者の男性も、逮捕直後から私が弁護についていたんですけど、刑事から「自白しろ」「やっただろう」と言われ続けるんですよ。一日何時間も。彼はそんな理不尽な状況の中で一人、警察の留置場に入れられて、私が面会に行くと泣くんです。でも自白を取られたらひっくり返せないので、私も毎日毎日会いに行って、「がんばれがんばれ！」って励まして……。

とにかく、間違って逮捕された時は自白しないことがすごく大切。そして、すぐに弁護士を呼ぶこと。

――とにかく今の状況から逃れたいから、ひとまず「やりました」って言っておいて、後で「本当は……」みたいなのは……。

絶対ナシです！　1000件に1件の割合より、もっと難しくなります。

【結論】逮捕された人は、虚偽告訴罪で訴え、無実を裁判で説明し、無罪になったら刑事補償請求して、もちろん民事上の損害賠償請求もしましょうね。

［＊脚注］

1　**濡衣塚**
福岡市博多区千代三丁目に所在。御笠川と国道3号線の間に、春姫供養の塚が石仏などと共に、ひっそりとたたずんでいる。

2　**虚偽告訴罪**

人に刑事又は懲戒の処分を受けさせる目的で、虚偽の告訴、告発その他の申告をした者は、3ヵ月以上10年以下の懲役に処する（刑法第172条）

3　**刑事補償**

「刑事補償法」の中で、無罪判決を受けた人に対して、その人の損失を補償するための補償額や手続き方法などが定められている。抑留・拘禁の場合、一日当たり千円以上1万2千円以下の範囲内、死刑執行の後に無罪となった場合、本人の死亡によって生じた財産上の損害及び3千万円以内などとされている（4条）。

元寇防塁

⑤ 家を建てようとしたら遺跡が出た！
マイホームはどげんなると!?

――福岡って、観光スポットがないとか言われることが多いんですけど、実は歴史的な遺構などは意外とあるもので、例えば西新の西南学院大学のところとか、元寇の防塁跡[*1]があったりしますよね。

その防塁跡はけっこう広く分布していて、東区から博多区、中央区、早良区、西区にまでまたがっています。どこで出てきてもおかしくないと思うんですが、マイホームを建てようと土地を整備していたら遺跡が出てきてしまった、というような場合、どうしたらいいんでしょう。

家を建てようとした時に遺跡が出てくるということは時々あるようです。特に京都とか奈良とかは福岡の比じゃないみたいですけど、そういう風に敷地から遺跡とか、それらしき物が出てきた時には、基本的には届け出をして、調査して、発掘が必要となれば、発掘調査をすることになり、それが終わってからじゃないと建築はできないということになっています。そして、発掘調査の結果文化財が出てきたら、地方公共団体の物になります。

――金印の話でも出てきましたね。

はい。でも金印は小さいから問題ないですよね。遺跡は場合によりけりですけど、大抵大きいものです。いざ発掘調査が必要となれば、大変ですよね。その発掘の作業の費用は、補助金が出る場合もあるみたいですけど、出ないという場合もあるようなので、費用の問題も出てくる可能性がある。

また、発掘の間、仮住まいが必要になるとか、「小学校の入学に間に合わせようと思っていたのに間に合わない」みたいな問題も起こり得ます。そんな当事者の事情にかかわりなく、発掘作業が済まないと建築ができなくなるので、それが大変かなと。

――例えば発掘調査の費用っていうのは、補助金が出るかもということですけど、自己負担するというケースもあるんですか？

その辺は私も詳しくなくて、よく分かりません。地方公共団体ごとにその補助金を出す規定みたいなのがあって、個人の住宅建築の場合には、発掘費用は出る事が多いようですね。ただ、仮住まいの分やその他の費用の問題もありますし、少なくとも、実質的に何も経済的負担がなくて、待っていればいいという状況ではないようです。

――遺跡が出てくるというのは、市民的には喜ばしいことかもしれないですけど、当の本人になった時には……。

「えー、そんなぁ……」って思うでしょうね。

――必要があって建てている訳ですからね。極端な話、例えばその家を建てるためにボーリング調査とかでちょっと掘ってたら「あ、なんか出てきた」となったとします。でも、届け出ると建設が止まっちゃうから、「見なかったことに……」とか言って、そのまま遺跡を壊して掘り進めたら、罪に問われるのですか。

物によっては、器物損壊罪になる可能性はあると思いますよ。

――そっと埋め戻したら、まだセーフですか？

それでも届出義務違反になるんですね。文化財保護法では、埋蔵文化財が出てきた時に、「現状を変更することなく」、「遅滞なく」文化庁長官に届け出るよう規定されています。届出義務違反の罰則もあります。5万円以下の過料です。5万円のペナルティなら、埋めちゃえという人がいそうで心配ですが。

――なるほど。遺跡は、「人類の宝」なんだから、ちゃんと届け出ましょうと。

そうです。そのためには発掘費用とか最低限の経済的負担分は補償が必要ですし、罰則も重くしないとですね。じゃないと、こっそり埋め戻したとか壊したとかいうことが起こり得るでしょう。一か八か壊したとか、面倒だから埋め戻したみたいなことを防がないと。

——福岡城跡の平和台球場と、そのお隣に鴻臚館*2が出てきてますけど、例えば裁判所が今度移った六本松じゃなくて、鴻臚館跡の所に建て替える事になっていたら、掘った瞬間「何か出た……」って、建設できなくなったでしょうね。

そうですね。あの鴻臚館もだいぶ長い間発掘作業してましたから、あんなすごいのが出ると使えなくなる規模も広くなるので、それはそれは大変だと思います。

——もし、かつての福岡ドーム建設が平和台を拡張する計画とかだったらもう……。

完全にアウトだったでしょうね。

——野球だけに。ところで、野球関連でもう一つ。近鉄バファローズの選手が、遺跡関連のハプニングに巻き込まれたことがあったらしいですが、これは一体？[*3]

近鉄バファローズの元キャッチャーで、監督も務められた梨田さんの話ですね。梨田さんが選手時代、大阪にビルを建てようとしたら遺跡が出てきて、発掘のために建てられなくなったとかいうことが新聞のネタになったことがあったんです。30年以上前の出来事で、出たのは旧石器時代の遺跡だったらしいけど、まぁ、びっくりですよね。その時は発掘費用に２００万円位かかったって話ですよ。

——福岡もだいぶ開発されてはいますけど、やっぱりまだ何か出てくるかもしれませんね。

糸島の方とかは、よく出てくるっていう話ですよ。畑を耕していたら土器が出てきたとか。あと、板付も遺跡がありますよね。京都とか奈良のレベルじゃないけれども、福岡は意外と古墳や遺跡が多いですもんね。実はそっと埋め戻されたり、なかったものにされているものもあるかもしれませんねぇ。そうだとしたら悲しいな。

——そうですね。本当に昔は考古学ブームみたいな時とか人手が足りなくて、学校の考古学部員とかが総動員されて発掘調査をやってたみたいですね。そういう歴史ある街なので、皆さん何かが出てきた時はちゃんと届けましょう（笑）。

【結論】発掘調査が必要になれば、それが終わるまで建てられません。但し、発掘費用は出ることが多いようです。

［＊脚注］

1　元寇

鎌倉時代中期に起きた、フビライ・ハンが治める元王朝による日本侵攻。文永の役（1274年）、弘安の役（1281年）をまとめて元寇と呼ぶ。日本は勝利したが、防衛のための戦いだったため得るものはなく、参戦した御家人たちの間に恩賞に関する不満が募ったことが、鎌倉幕府瓦解の一因となった。なお、昔は「神風」が吹いて日本が勝利したとされていたが、近年は異説も有力視されている。

2　鴻臚館

平安時代の外交施設。1987年の平和台球場改修工事の際に遺構が見つかり、本格的な発掘調査が開始された。1995年には同所に展示館がオープン。発掘時に出土した品などを展示している。

3　近鉄バファローズ・梨田

梨田昌孝。元近鉄バファローズの捕手。2000年からは同軍の監督を務め、2004年にオリックスに合併されるまでの「近鉄バファローズ最後の監督」となった。その後は日本ハムファイターズ、楽天イーグルス監督も務めた。本文で触れた遺跡は大阪府藤井寺市に分布する旧石器時代の「はさみ山遺跡」の一つで、1985年に発見された。その経緯から「梨田地点」と正式に命名されている。

お綱門

6 不倫夫に天誅を！と思ったら返り討ち……悪いのは誰なん？

——今の若い方は知らない人が多いかもしれないんですが、裁判所の付近に「お綱門」の言い伝えがありますよね。福岡城の東御門だったとか。

夫に不倫され、別宅に追いやられていた妻が怒って、本宅に乗り込んで行ったら、そこにいた武士に斬られたという話ですよね。

■「お綱門」の由来

福岡藩2代藩主の黒田忠之[*1]が、参勤交代の帰りに大阪である芸者を気に入り、采女《うねめ》として福岡に連れて帰った。しかし家老にたしなめられ、やむを得ず家臣の浅野四郎左衛門に采女を預けた。浅野には、お綱という妻と2人の子がいたが、采女に惚れてしまい、妻子を別宅に追いやって本宅に采女を住ませた。次第に別宅への仕送りも滞るようになり、貧極まったお綱は、せめて娘の節句くらいは祝ってあげたいと本宅に使者を送った。しかし采女に冷たく追い返され、使者は自害。お綱は激怒し、我が子2人を刺殺して薙刀を手に本宅に走ったが、夫、四郎左衛門は留守で、逆に屋敷にいた明石彦五郎という浪人に斬られてしまう。瀕死の傷を負いながらも、お綱は薙刀を杖にして城へ向かい、血まみれで城門に手を掛け、そこで息絶えた。

――なんとも壮絶なお話ですけど、そのお綱が手を掛けた門が「お綱門」と呼ばれ、後に浅野家跡に建てられた長宮院に移されたそうです。そこは福岡大空襲で焼失したんですが、跡地がなんと家庭裁判所[*2]になっているんですね。

そうなんですよ。家庭裁判所で離婚事案をたくさん扱っている私としては、何とも身につまされるというか……不倫されたあげくに殺されたという事件にまつわる場所が家庭裁判所になるなんて、作り話みたいでビックリですよね。

——本当にこの事件、お綱さんが気の毒すぎて何も言えない感じではあるんですけど、これは誰が罪に問われるのかなと。

そうですね。法律的に見ると、まずお綱さんは子どもを2人殺しています。無理心中といえども、殺人ですよね。その後ご主人を殺そうと思って本宅に乗り込んだ時、明石さんに斬りかかっていれば、殺人未遂。

じゃあ、これを返り討ちにした明石さんがどうなのか。

薙刀《なぎなた》を持って乗り込んできた奥さんを刀で返り討ちにしたというのが事実だとすると、今の法律でいけば明石さんの行為に正当防衛が成立する可能性があるでしょうね。正当防衛が成立すれば無罪なんですが、そのためには「急迫不正の侵害」つまり、差し迫った危険があることが条件なんです。

――具体的にはどんな状況が考えられるんでしょう？

例えば、バーッと薙刀で襲ってこられた時に反撃。これはＯＫです。襲いかかられたのを一度静止して、ひと呼吸ふた呼吸おいて、やおら体勢を整えてバサッとやったとすると、これは急迫性がない。

また、「お綱が薙刀を持って走って来ます」と使者が先に来て、それを来るぞ来るぞと待ち構えて、ご主人様のために斬り殺してやろうという積極的な気持ちを持ってバサッと斬ったら「防衛の意思」がないという形でアウトです。

――あくまでも、防衛のための行為でなくてはならないと。

あともう一つ、必要性、相当性という条件があるんです。攻撃と反撃のバランスですね。ここで反撃が過剰だと、過剰防衛ということで、無罪にはならないです。

例えば、薙刀でこられて棒で応戦する、これはセーフですよね。薙刀に対して刀で応戦、これもギリギリセーフでしょう。ただ、防衛する側が剣の達人とかだったら微妙です。剣の達人なら峰打ちでも反撃可能じゃないかとか、斬り殺さなくても薙刀を払い落とせたんじゃないか、とか反撃として相当な行為だったかが問題となり得ます。

素手対素手でも、普通の人がするのと、ボクシングとかやっている人が反撃するのでは全然違いますよね。そういう場合、それを過剰防衛としたケースもあります。

——よく言われる、ボクサーとか空手の黒帯とかですね。拳が凶器だと。

そうです。武術家や格闘家の人たちが「何があっても手を出しちゃいけない」というふうに教えられるというのは、そういう理由もあると思うんですよね。

だから、明石さんが剣の達人だったりした場合で、一太刀でバサッと斬ったとかいうケースだと、正当防衛で無罪は難しいかもしれないですね。

——そうですね、そこまでしなくても……という。

相手は女性一人だからですね。みんなで捕まえるとか、薙刀を払い落としてしまえばいい訳だから。それを踏み込んでバッサリする必要があったかというのはやっぱり問われる部分だと思います。

ちなみに、やりすぎた場合は「過剰防衛」になりますが、情状により、刑の減免が認められる場合があります（刑法第３６条２項）。

――なるほど。

同じやりすぎた場合で、しかも正当防衛と勘違いして反撃するという場合があります。「誤想過剰防衛」といいます。

実際にあったことなんですけど、女性が酔っぱらいに絡まれている場面に通りかかった人がいたんですね。本当は絡まれていたんじゃなくて知人の女性を介抱していただけだったんですけど、その女性がふざけて「助けてー！」とか言ってた訳です。それを聞いた通りがかりの人が、女性が襲われていると思って助けに入ったんです。それにびっくりした女性の知り合いは両手を胸のあたりにあげちゃうんですが、それを見た助けに入った人は、襲ってくると勘違いして、その人を回し蹴りしたみたいで、その結果、その人は亡くなってしまって。

——なんか、すごい事案ですね。これは、正当防衛と勘違いしたというのが一つめのポイント、もう一つは回し蹴りはやりすぎだったのではないかというところが二つめのポイントなんですね。

そうです。

この事案、助けに入った人が空手三段のイギリス人だったので、「勘違い騎士道事件」[*3]って言われてるんですよ。この人傷害致死が成立したけど、刑が減刑されました。懲役1年6ヵ月執行猶予3年です。

——話を戻して、お綱さんの件。元をたどれば、旦那の浅野さんのやることがめちゃくちゃだな、と。

浅野さんも、お殿様もです。やっぱりこの采女がすごい美人だったのかなとか、いろんなことを考えちゃいますよね。

――そうですね。采女も、正妻を追い返すというところが、何とも（笑）。

私も仕事柄、こういう不倫の問題はよく扱いますし、相手のところに乗り込んだというような話も時々聞くんですけど、この話を思い出すと「あんまり不用意に乗り込むと危ないよ」って思ったりもするんですよね。

――ちなみに、これだけ酷いことをした浅野さんには、特にお咎めはないのでしょうか？

うーん……お綱さんが亡くなってしまったんで彼の非道を訴える人がいなくなった訳ですが、お殿様には怒られそうですよね。自分の連れてきた采女といい仲になってしまった上に、奥さんまで殺して、みたいな話で。

――本当ひどい話ですよね。お殿様も言えた立場じゃないです。ところで、言い伝えによるとこの浅野さんは、事件後間もなく熱病に罹って死んでしまったらしいですよ……。

お天道様が見ているということですかね。悪いことはできません。

【結論】子どもを殺したお綱さんも、それを斬った武士も悪いけど、やっぱり一番悪いのは浮気した夫でしょう。

［＊脚注］

1　**黒田忠之**（くろだ・ただゆき）

筑前福岡藩2代藩主。黒田長政の息子。江戸三大お家騒動の一つ「黒田騒動」の当事者。お綱門事件のことも含め、自由奔放な人柄で何かと話題の多い人物だったらしい。

2　家庭裁判所

大手門にあった家庭裁判所。平成30（２０１８）年8月に六本松に移転した。

3　勘違い騎士道事件

最高裁第一小法廷決定　昭和62年3月26日

野村望東尼

7

勤王の志士たちを助けた女傑。もしかして犯罪協力？

――中央区に「平尾山荘公園」というのがあるんですが、そこが幕末から明治を生きた野村望東尼という女性の山荘だったということなんです。これまた知っている人が意外に少ないんです。「聞いたことあるかも」みたいな……。福岡の偉人の一人なんですけどね。

で、この方、何をした人かというと、幕末の福岡藩士だった野村新三郎の妻で、歌人であり政治にも詳しく、国の将来を憂えていた。で、夫の新三郎さんが亡くなった後に、高杉晋作や*1平野国臣*2などの勤王の志士たちをこの山荘でかくまったんですね。そういった行動が後に明治維新の貢献者として顕彰されているんです。ただ、当時の幕府からすると、維新派の志士たちというのは反逆者であって、「かくまうなんてけしからん！」と言いたいとは思うんですけど。

望東尼さんも、その後、流刑となってますよね。今だったら、幕府からすると維新派の志士たちは、いわば、国家転覆を狙っている訳なので、場合によっては内乱罪[*3]（予備罪）ですよね。

——罪名がすごい。実際、そういった罪人をかくまうと罪になるのか、詳しく教えていただければ。

犯罪を犯した人をかくまうと、「犯人蔵匿罪《ぞうとく》」という犯罪になります。どんな人をかくまうといけないかというと、「罰金以上の刑にあたる罪を犯した人」や、「拘禁中に逃亡した人」、まあ逮捕されているとか刑務所に入っていて逃げてきたのをかくまった場合には、犯人蔵匿罪になります。２年以下の懲役または20万円以下の罰金です。

——これはもちろん、「分かった、かくまうよ」と自分から進んでかくまった場合と、罪人に「ここに隠れさせろ！」みたいな感じで脅された場合とではまた違ってくると思うんですけど。

そうですね。刃物を突きつけられて、「かくまえ」みたいな話なら、本人の意思ではなく脅されてかくまっているだけなので、犯人蔵匿にはなりません。

野村望東尼は自分の意思で勤王の志士たちをかくまっているでしょうから、蔵匿になるでしょうね。これが勤王の志士に刀で脅されてやむを得ず……みたいな話だったら、もちろん犯人蔵匿にはならないんだけど、こんな風に後の美談にもなっていないってことですね。

——確かに。じゃあ例えば、犯人っぽい人が走ってきたとして、逃げていった後に警察がやってきて、「犯人はどこに行きましたか」と聞かれて「知りません」ととぼけたり、「あっちに行きました」と嘘を言った。これも罪に問われますか。

まったく違う方向を教えた場合は、罪に問われる場合はあります。犯人蔵匿には、「蔵匿」と言って望東尼さんのように隠れ場を提供して官憲の発見や逮捕を免れさせる行為以外にも、蔵匿以外の方法で官憲の発見や逮捕を免れさせる「隠避」という行為があります。あっちに行きましたとまったく違う方向を教えた場合、それによって逮捕できなくなる可能性がありますから、場所の提供以外の方法で逮捕を免れさせたといえるだろうと思います。そうすると、犯人隠避罪。

――なるほど。昔、牧師さんが犯人をかくまって裁判になったことがあるみたいですが、これは？

牧会活動事件[*4]ですね。これは、牧師さんが犯人を教会にかくまったことが、犯人蔵匿罪に当たるとして裁判になった事件です。

判決では、牧師さんが牧会活動として行っていること、その目的と手段方法が相当な範囲であるという理由で、正当な業務行為として無罪となりました。

――教会なら犯人をかくまっても犯罪にならないんですか？

いえいえ、教会だからＯＫとなったのではなくて、牧会活動として行っていることや、その目的と方法が相当かが問題とされているので、教会なら犯人をかくまっても犯罪にならないという訳ではないです。

この事件、ちょっと特殊で、当時学生運動が盛んだったころで、この犯人も学校にバリケードを作った高校生2人だったんですよ。その母親から相談を受けた牧師さんが、この子達が逃げたり過激なグループと接触しないように知り合いの教会に預けたんです。そして、預けられた教会で反省を深め、結局10日後に任意に出頭しているんです。

この牧師さんは、結果として隠れ家を提供した訳だし、警察に対して行先を知らないと言ったりしているのですが、匿《かくま》った目的が最終的には逮捕を免れさせるためではなかったことや、匿われた先で反省を深めるよう働きかけ、その結果任意に出頭していること、犯人が高校生だったこと、犯罪が建造物侵入罪等と比較的軽い犯罪だったことなどの事情があって、無罪となったんだと思います。

――これはあくまでも特殊なケースであると。

そうです。

犯人隠避で多くの人が気にかかるのは、自分の息子や親が「かくまって」と逃げ込んできた時、肉親でも警察に突き出さなきゃいけないのかというところだと思います。

一番あり得るシチュエーションだし、心配なところなのかなと思うんですけど、これについては刑法でも、親族がこれらの者のために罪を犯した時には刑を免除することができる、としていて、事情によっては刑を免除するとしています。ただし、免除されない時もあります。

——意図的な家族ぐるみの犯罪みたいな感じだと免除されないんでしょうね。盗みを計画して、互いに助け合って逃げ切るみたいな。そんな映画もありましたが。

やっぱり個別の事件で状況を聞くと、我が子が泣いて逃げてきて「母ちゃんかくまって」と言われたとか、いろいろあるんですよね。だから、警察に突き出すのは人情としてできんやろ、というようなシチュエーションであれば、刑を免除する、ということになるでしょう。

だから安心してかくまっていいよという訳ではないですけど(笑)。まずはそういうことにならないように。

最初からかくまうところまで含めて計画されていて、計算通りバッチリ逃がしたみたいなのだと、刑の免除は厳しいでしょうね。場合によっては、共謀共同正犯として実行犯と同じ責任を負わされますよ。

――そうですか。野村望東尼のことから犯人隠避の話になりましたけど、そもそも望東尼の存在がイマイチ知られていないのが残念です。

ほんとうに。私は学校の遠足でこの野村望東尼の山荘公園に行ったんですよ。そこで野村望東尼が云々という公園だと説明を受けた記憶はあるんですけど、こんな歴史があったとはよく知らなくて。行ってみたら普通の公園なんですもんね。なんでこの公園にみんなで来たのかな？っていうハテナがいっぱい飛んでた印象がすごくあります。今思えばそんな歴史がある公園だったんだなって。当時もたぶん聞いたはずなんですけど（笑）。

——福岡は偉人史というのが希薄なのかな。素晴らしい方、たくさんいるのでしっかり受け継いでいきたいですね。

【結論】 今なら内乱予備罪の幇助や犯人蔵匿罪になる可能性あり。

［＊脚注］

1 **高杉晋作**
幕末を生きた長州藩士。「奇兵隊」などを率い、尊王攘夷運動に大きく貢献した。結核を患い、27歳の若さで病没。晋作の臨終を最後に看取ったのも野村望東尼だった。

2 **平野国臣**
福岡藩の攘夷志士。西郷隆盛や久留米藩の真木和泉らと親交を深くし、過激な討幕論を展開した。中央区今川の平野神社は国臣を祀る神社。福岡市の西公園には「平野二郎國臣像」がある。

3 **内乱罪**

国家の統治機構を破壊し、またはその領土において国権を排除して権力を行使し、その他憲法の定める統治の基本秩序を壊乱することを目的として暴動をした者は、内乱罪としてその役割に応じて、3年以下の禁固から死刑の刑により処断される（刑法77条）。

＊内乱予備　同志を募る等して内乱の実行を準備する行為や、2人以上で内乱を計画し合意した場合も罰せられる（1年以上10年以下の禁固・刑法78条）。

4　牧会活動事件

昭和45年、学生運動が盛んだった時代、高校の教室をバリケード封鎖しようと建造物侵入等の罪を犯した生徒2名をかくまったとして教会牧師が起訴された事件（1週間宿泊させたのち任意に出頭させている）。判決では、牧師の行為は牧会活動として行われたものであり、目的及び手段方法としても相当な範囲であるため正当な業務行為として違法性を阻却するとされ無罪となった（神戸簡裁昭和50年2月20日判決）。

太政官札

8 出来心でお札を偽造。昔は切腹、今は……？

——福岡県になる前は筑前福岡藩なのですが、実は廃藩置県で福岡県になる直前、福岡藩が一度なくなったというビックリするような歴史があるんですね。なんでそんな事になったのかというと、実は福岡藩は藩をあげて偽札を作っていたという、かなりダークな歴史がありまして……。

本当にビックリですよね。ただ、歴史を見てみると、その時代は結構どこでもやっていたみたいではありますけど。

——そんな中で、福岡藩だけがきつく裁かれた。これがいわゆる「太政官札贋造事件」といわれるものです。明治政府は誕生後、「太政官札」[*1]という紙幣を作ってるんです。戊辰戦争に多額の費用がかかって、資金が不足したためだったようですが、それは各藩も同じで、当時多くの藩が財政難に窮していたようです。

だから、藩札の乱発や、贋札（いわゆる偽札）の製造使用をする藩もあったみたいで。福岡藩も、当時巨額の負債に苦しんでいて、「他の藩もやってるみたいだし……」と思ってたかどうかは分かりませんけど、大参事という藩の偉い人たちも巻き込んで、偽札を作ったという……。

すごいですよね。藩がそれを主導して作るっていう。

——全くです。その辺の不心得者が作ったとかいうのとはちょっと訳が違う事件なんですけど、そもそも、誰がやるにせよ偽札を作ってはいけない。ということで、結果としてものすごく重い罪に問われているんです。この時の福岡藩藩主は黒田長知で、明治政府下では藩知事なんですけど、長知自身はこの偽札のことは一切知らされていなかった。要職の家老たち5人が勝手にやったことらしいんですが、この5人は全員処断され、死刑になってますね。

5人が全員、打ち首ですか？

――実際は、全員切腹させられたようです。そんな厳罰を加えられた上、黒田長知も罷免されて藩知事を降ろされた。代わりに有栖川宮熾仁親王が福岡藩にやって来るんですけど、廃藩置県の直前に福岡藩は取り潰しという非常に重い罰を受けているんです。他の藩も偽札作りをやっていたのに、いちばんお咎めがあったのが福岡藩だったようです。

そうなんですね。でも、なぜか福岡だけ。

――福岡藩が維新時に幕府側に寄っていたとか、七卿落ち[*2]の際に太宰府へ逃れていた五卿を冷遇したとか、そういう根の深い感情が明治政府側にあったせいだとする説もあります。いずれにせよ、福岡が天下に汚名をとどろかせたという、県民にとっては不名誉というか、「藩ぐるみで何やってんの」というような話なんですけど。

どうなんでしょうね。家老たちも私利私欲のためにやったというよりは、藩のため、藩主のためだったんじゃないかと思うし、福岡藩だけ厳罰というのは、私も福岡の民としては、「ちょっとー」って気持ちにはなりますよね。「他の藩もやっとうやん！」って。

――若干の開き直り感が（笑）。まあ実際に他の藩もやってたんですけどね。そういった凄まじい事件なんですが、現代で通貨を偽造するともちろん犯罪にあたる訳ですけど、具体的にどれくらいの罪に問われるんですか？

今の法定刑、つまり法律上決まっている刑は、通貨偽造は、無期または3年以上の懲役です。死刑はないけれど、これって結構重いんですよ。法定刑に死刑がある罪は、刑法上11個なんです。死刑の次に重いのは無期懲役で、死刑はないけど無期懲役がある罪は五つ。そのうちの一つが、通貨偽造罪。だから、かなり重い罪なんです。

――なるほど。仮に福岡藩みたいに、大規模な組織ぐるみでやったら、もしかしたら無期懲役というのはあるかもしれない？

あるかもしれないですね。私が探した限りではそういう事案はなかったですが、当然、国家にとって通貨をコントロールする権利というのは、非常に重要なものですよね。財政や経済に影響するし、国家の威信にも関わってくるだろうし。なので、非常に重たい刑になっています。

――お金というものは、信用で価値が成り立っているので、その信用を揺るがすのは大罪だということですね。

ところで、この太政官札贋造事件で足がついた理由の一つとして、これはもう目も当てられないんですが、偽札作りを企んだ家老たちが、それを派手に使ったらしいんです。こんなに派手に使ってるのはおかしいぞ、ということで足がついたと。

なんじゃそりゃ（笑）。

――派手に使ったのが最果ての地・北海道だったそうで……遠隔地だからよかろうと思ったかどうかは分かりませんけど。

「バレんめぇ?」とでも思ったのかな(笑)。

――かなり散財したみたいで、これはおかしいと思った政府が密偵を福岡に派遣したところ、偽札を作っている証拠が出たので検挙されたという、かなり残念な経緯なんです。まあ、この頃の時代性が表れているのかもしれません。いずれにせよ、今から偽札を作ろうと考える人はそういないとは思うんですが……。

偽札を印刷機で作るということはなかなかしないでしょうけど、近年問題になっているのは、カラーコピーとかパソコンで両面をスキャンして作るというような偽造なんですね。どんな方法で作っても偽造は偽造なので、通貨偽造罪として処罰されます。「出来心で何枚かやってみただけ」とか言っても通用しません。実刑になった事案もあるし、懲役3年執行猶予5年という、執行猶予がつけられる中で、一番重い処断罪になる場合も多いようです。一例を挙げると、1万円札を18枚偽造して[*3-①]実刑1年8ヶ月。「ちょこっとやけん、よかろうもん」はききません。

――重いですね。実刑ということは、執行猶予がない訳でしょ。

そうです。

執行猶予がついても、千円札14枚を作って、[*3-②]懲役3年執行猶予4年というのがあります。

――ああ、1万4千円の代償があまりにも大きい。

まぁ、昭和30年の判決だから現在とは貨幣価値が違いますけど、比較的最近のでも、コピー機を使用して1万円札を4枚偽造して、うち2枚使った事件で[*3-③]懲役3年執行猶予5年。それから、スキャナとプリンタで1万円札2枚と5千円札18枚を偽造して、それぞれ2枚ずつ使用した事件で同じく[*3-④]懲役3年執行猶予5年。

実刑ではないにしても、執行猶予がつくケースで一番重いパターンですから結構重いですよ。

――へー。意外と通貨偽造ってあるんですね。

ありますね。昔と違って今はたぶんコピーやスキャンも、手軽にできるから軽く感じられるんじゃないですかね。でも罪の重さは変わらない。

――ちなみに、当時の太政官札は手彫りの銅版印刷で刷っていたらしいんですけど、福岡藩が作った偽札は版の作りが雑だったようで、熊本藩から米を買おうとしたら、怪しいと思われて受け取ってもらえず、結局本当のお金を払わざるを得なくなって、金貨を送って精算する羽目になったというようなオチがついていました（笑）。

……本当に、何やってるんだって感じですよね。

――まあ、逆に作りが粗くてバレそうになったから、その件では罪にならなかった。といっても、後に処罰されてるんですけど。

今の法律でも、ヘタクソだったらセーフという訳ではありません。「模造罪」[*4]とか、他にも通貨に関する法律があるので、たとえ軽い気持ちでもそういうものを絶対に作ろうと思わないように。お金が欲しいならコツコツと、です。

【結論】通貨偽造罪になり、重い刑が科せられます。

［＊脚注］

1　太政官札

由利公正の発案によって明治政府が発行した、国内初の全国紙幣。円が制定される前だったので、単位は両・分・朱で発行された。

2　七卿落ち

幕末の混乱の中、政変で失脚した三条実美ほか公家の有力者7人が京都から長州藩に逃れた史実を指す。七卿のうち五卿が太宰府にまで落ち延び、当初は手厚く保護されたが、滞在中に福岡藩が幕府寄りに傾いたために冷遇されるようになった。

3　通貨偽造の裁判例

①新潟地方裁判所　平成15年9月16日
②広島高等裁判所松江支部　昭和30年9月28日
③さいたま地方裁判所　平成21年10月22日
④松山地方裁判所　平成17年11月10日

4　通貨模造罪

真貨（本当のお金）に類似しているが、一般人の注意力があれば真貨と誤認することがない程度の外観だと、通貨偽造罪ではなく、通貨模造罪として、通貨及証券模造取締法で処罰される。

（通貨及証券模造取締法）
第一条　貨幣、政府発行紙幣、銀行紙幣、兌換銀行券、国債証券及地方債証券ニ紛ハシキ外観ヲ有スルモノヲ製造シ又ハ販売スルコトヲ得ス
第二条　前条ニ違犯シタル者ハ一月以上三年以下ノ重禁錮ニ処シ五円以上五十円以下ノ罰金ヲ附加ス

柳原白蓮

9

新聞で絶縁状をつきつけられた！訴訟起こしてよかですか？

――今度は、母里太兵衛や夢野久作、野村望東尼らに続く福岡偉人シリーズで、柳原白蓮さんのお話です。

白蓮さんは、高名な歌人で、今でも多くのファンがいらっしゃいます。この方は侯爵家のお嬢様なんですけど、生い立ちからの背景が非常に複雑で、それだけで本が一冊できてしまうので割愛しますが、紆余曲折の後に、石炭王として有名な筑豊の大富豪、伊藤伝右衛門に妻として迎えられました。

この白蓮さんは、後に夫以外の人と恋仲になって駆け落ちし、さらに新聞で夫への絶縁状[*1]を公開したんですよね。

有名な話ではありますが、すごいですよね……。

――これは、夫の伝右衛門の立場からすると、妻は浮気して駆け落ちするわ、その挙句に家庭内の事情を暴露された上で絶縁状を公に突き付けられるわで、踏んだり蹴ったりなんですけど、これって名誉毀損で訴えたりすることはできないんですか？

名誉棄損で訴えるという場合には、刑事事件として名誉棄損罪で告訴できるかという問題と、民事事件として名誉棄損を理由に損害賠償ができるかという二つの問題があります。

まず、刑事事件の点についてお話しすると、名誉棄損罪が成立するためには、公然に事実を摘示して他人の名誉を傷つけたと言えなければなりません。

それで、新聞に公開された絶縁状ですが、公然性は新聞だから大丈夫ですが、「事実を摘示して」といえるか若干微妙なんですよね。

相手の名誉を害する内容でも、抽象的な批判ではダメなんです。でもまぁ、この絶縁状には「貴方に仕えている女性の中には貴方との間に単なる主従関係のみが存在するとは思われないものもありました」という記載があって、要するに「愛人と思われる人がいた」ということを離婚の理由として書いているので、名誉棄損といえそうです。

ちなみに、事実の摘示と言えない場合は、侮辱罪が成立します。他にも「金力をもって女性の人格的尊厳を無視する貴方に永久の袂別を告げます」とかも書いてますから、伝右衛門さんの名誉感情を傷つけているのは明らかですので。

――この「名誉毀損罪」と「侮辱罪」というのは、どういう違いがあるんですか？

違いというより、侮辱罪の中に名誉毀損がある、というようなイメージです。名誉毀損になるのは、事実を摘示して、つまり、具体的なことを言って名誉を傷つけた場合です。そっちの方が信憑性があるし、ダメージも大きくなるじゃないですか。ぼんやりと「金の力で悪いことばかりして……バカ」みたいな内容だと説得力がないということで侮辱にとどまり、処罰も軽い。

——どのくらいの差があるんですか？

名誉毀損だと3年以下の懲役または禁固、50万円以下の罰金なんですけど、侮辱罪は拘留とか科料なので、刑は全然違います。

次に、民事事件の点についてお話しすると、名誉棄損を理由に損害賠償請求ができるかというえば、これは問答無用にできるでしょうね。新聞紙上で、愛人と思われる人がいたとか、金の力で女性の人格的尊厳を無視するとか言われた上に、あなたを捨てますみたいな話を掲載した訳ですから。

ただ、この事件、実際は白蓮さんが新聞に掲載したのではなくって、白蓮さんの駆け落ち相手とその友達が掲載したようなんです。しかも加筆などして。だから、厳密にいえば、駆け落ち相手が相手方になるかもですね。まぁ、白蓮さんも了解していれば一緒ですが。

――伝右衛門としては、実際に慰謝料も請求できると。

はい。すればできたと思います。ただこの伝右衛門さん何と、自分も新聞紙上で反論しちゃったんでしょ？

――新聞記者が伝右衛門からの聞き書きで、面白おかしく書いてしまったらしいですね。伝右衛門にしたらもう散々です。結局、伝右衛門はその後、慰謝料請求はしなかったようですね。白蓮名義の財産は返還させたらしいですけど、それ以上のことは何もしなかった。

まわりの人たちは、女性の側から新聞を使って三行半[*2]を突きつけるなんて、しかも大金持ちの顔に泥を塗って、みたいなことで大騒ぎになったようですけど、結局、伝右衛門さんは離婚もしてあげて、最小限の請求だけで落ち着かせた。これは自分も悪かったと思っていたのかもしれませんし、マスコミのネタにされている訳だからこれ以上話が大きくなる方がダメージが大きい、と考えたのかもしれませんね。

——そうですね。それぐらいマスコミの影響力というのは大きい、というのはありますよね。ところで、先生も新聞に載ったことがあるんだとか。

こんなドラマチックな載り方ではないんですけど、一番古い記憶では小学校の時、「ちびっこどんたく隊」というのがあったんですよ。どんたくで着物を着て花笠をつけて踊りながら練り歩くんですけど、その時に写真を撮られてどこかの新聞に載ったことがありました。その後は学校で書いた作文や、アルバイトで選挙カーに乗って手を振っている写真が載ったり。司法修習生の時に、修習先の新聞社で、子どもの名付けエピソードを「がっかりした話」というテーマで書いたのが、そのまま載ったこともありました。「公務員・29才」みたいな（笑）。

——けっこう新聞に登場してますね（笑）。でも不名誉な載り方じゃなくてよかった。

たまたま映り込んだ的な載り方が多いんですけど。

――それでも意外な人から「見たよ!」とリアクションが返ってきますよね。本人以上に喜んでくれたりね。

ところで話は戻りますが、白蓮さんは、駆け落ちというか他の男性のところへ行ってしまったのですが、これは罪に問われますか?

当時、まだ戦前なので姦通罪*3があったんです。その罪に問われる可能性はあったでしょうね。

――この姦通罪というのは、夫以外の人といい仲になるっていうことでしょうか?

そうです。

――逆に男性側にはあったんですか?

男性側にはありません。女性だけにあったから、戦後廃止になったんです。白蓮さんの絶縁状も、この姦通罪が適用されるのを避けるために、世論を味方につけようとしたとも言われているようです。

――なるほど。姦通罪はないにしても、現代だと、男性だろうが女性だろうが、不貞行為があった場合は罪に問われますよね。

はい。ただし逮捕されることはありません。姦通罪は刑事なので、逮捕されて投獄されるみたいな話だから大問題ですが、今はもう姦通罪はなくなったので逮捕はされません。ただ、民事上の責任はあって、婚姻関係がある人と不適切な行為があると損害賠償請求されることがあります。みなさん、身の振り方にはくれぐれもご注意くださいますよう。

【結論】 名誉毀損として刑事告訴をし、損害賠償を求めて民事裁判を起こすことができます。

［＊脚注］

1　絶縁状（新聞掲載分）

「ご承知のとおり結婚当初からあなたと私との間には全く愛と理解とを欠ゐていました」「貴方に仕へて居る多くの女性の中には貴方との間に単なる主従関係のみが存在するとは思はれないものもありました」「私が是等の事に就き○○漏らした不平や反抗に対して貴方は或は離別するとか里方に預けるとか申されました」「此の手紙により私は金力を以て女性の人格的尊厳を無視する貴方に永久の袂別を告げます」「私は私の個性の自由と尊貴を守り且つ培ふ為に貴方の許を離れます」

などという内容が掲載された。

2　三行半（みくだりはん）

江戸時代、主に夫から妻へ離婚を言い渡す際に書かれた離縁状。3行とその半分というフォーマットが多く使われたため、一般的にこの名称で呼ばれた。

3　姦通罪

旧刑法（明治40年）第183条　夫のある女子が姦通したときは2年以下の懲役に処すとされていた。但し、夫の告訴がなければ公訴を提起することができなかった。

姦通罪があったのは夫のある女子だけで、逆の妻がある男子についても同様の規定はなかった。昭和22年に廃止された。

竈門神社

10

婚約は破棄やし、慰謝料も請求するけんね！話が違う！

――福岡の特徴としてよく言われるのが、女性が多く美人が多い、そして未婚率が高く、離婚率も高いといったことで……何か女性が強く生きている福岡らしいといえば福岡らしい話ですね。離婚といえば、離婚調停も多いということですよね。

そうですね。最近はどんどん増えているように思います。

――そして未婚率が高いということは、良い出会いの機会が少ないのかなぁと思うんですが、そんな人たちの強い味方として、太宰府に「竈門神社」[*1]というところがあります。この竈門神社に祀られているのが、縁結びの神様としても信仰されている玉依姫。そのため、「早く結婚できますように」というような感じで参られる方が多いとか。

「良縁をください！」みたいな。

――はい。また、竈門神社が宝満山の麓にあるので登山がてらお参りに行かれる方も多く、福岡を代表するスポットの一つにもなっています。

で、めでたくご利益があっていい人と出会い、「結婚できました。ありがとうございます」という方も多いと思うんですが、残念ながら「なんか話が違う、やっぱり結婚取り止め」とかいうことになった場合、この婚約破棄の慰謝料って請求できるものなんですか？

まず、婚約が成立しているかが問題となります。婚約までしていない段階であれば、基本的には別れたというだけで慰謝料という話にはなりません。何となく嫌になったから別れるとかでもいい訳です。もちろん散々ひどいことをして理由もなく別れると言い出せば、別ですよ。それは散々ひどいことをしたという点が理由で損害賠償の対象となる可能性はあります。

これと違って、婚約している場合は、結婚の約束をしている訳ですから、その約束を守らなければ、債務不履行として責任を負わなければならない場合があります。その場合、慰謝料を含む損害を賠償することになります。

——へぇ、婚約しているかどうかで違うんですね。それじゃぁ、婚約ってどういうときに成立したというんですか？

婚約は、真摯な結婚の約束をした時に成立します。そういう合意だけで成立するんです。ただ、ここが難しくて、お互いにそういう認識ならいいのですが、それがずれている場合もありますよね。そういう場合は、真摯な約束があったかどうかをその他のいろんな事情を考慮して判断することになります。例えば、どんな状況で約束したかとか、どういう内容だったかとか、結納をしたとか、両親に紹介したかとか、みんなに公表したかとか、結婚式場を予約したかとかそういう事情ですね。

結納をして結婚式の日取りも決まったということであれば、婚約は成立していると言えます。

――じゃあ、結納しちゃったら、もう、アウトというか、結納してしまったら結婚しないと慰謝料を払うことになるんでしょうか？

婚約が成立した後、それを破棄すれば必ず慰謝料を支払わなければならない訳ではないんです。婚約破棄に正当な理由がある場合には、その他の損害も含め、慰謝料の支払いはしなくていいんです。

――正当な理由ですかぁ……。なんか、どんなのが正当な理由かまた問題になりそうですねぇ。

そうなんですよ。婚約して「話が違う！」って婚約破棄した場合に、慰謝料請求されるかどうかは、どう話が違うかが問題になるんです。

――例えば、結婚紹介所で紹介されて素敵な人だと思って婚約したら、一転実はＤＶ男だと分かって婚約を解消した場合、相手から「婚約破棄するならこれまでかかった費用を支払え！慰謝料も支払え！」と言われたら、どうですか？

ＤＶ男であれば当然婚約破棄の正当事由になりますよ。他にも、別に付き合っている人がいたとか、多額の借金があったとか、婚約したのにいなくなっちゃったとか。

難しいのは、価値観が合わないとか、そんな人だとは思わなかったとか、話が違うと言ったたぐいの理由です。結局、その具体的な内容次第で、一方的に婚約破棄されてもやむを得ないような事情かどうかということなんです。

——じゃあ、聞いていた年収と違うとか、年齢が違うとか、東大と聞いていたのに違ったとか、医者と聞いていたのに違ったとか、そんなときは？

それが正当な理由になる場合もならない場合もあると思います。裁判例で年齢や職業、年収の違いを理由に婚約を破棄したケースはみつけられなかったのですが、やっぱりケース・バイ・

ケースで、どのくらい聞いていた話と現実が違うのかや、どれくらいそれに重きを置いていたか（それを相手も認識していたか）などで結論は違ってくると思います。

年収が２０００万円だとか自分は医者だとか言って女性の気を引いて付き合い、婚約したのに実際は年収が10分の1しかなかったとか、フリーターだったとかであれば、正当な理由といえる場合もあるでしょうね。年齢とか学歴とかは微妙ですが、実際とそれなりのギャップがあって相手がそれに重きを置いて交際し婚約したことを十分理解しているのであれば、認められる方向にいくと思いますよ。

――多少の食い違いくらいで一方的に婚約破棄をしたら、慰謝料が請求される可能性がある訳ですね。

そうそう。だから、婚約をして話が違うと思った時は、まずは相手とよく話し合って、お互いが溝を埋める努力をしないとですね。話し合って、双方が納得して婚約解消できればそれが一番だし、相手が納得しなかった場合でも、そういう経過をたどるのと、たどらないのとでは慰謝料の額も違うと思いますよ。

――実際に、婚約破棄して慰謝料を請求された場合、いくらくらい慰謝料を払うことになるんですか？

それも、ケース・バイ・ケースなんですよ。交際期間や婚約期間、婚約破棄の理由や、性交渉、妊娠出産の有無、当事者の年齢、どこまで話が進んでからの破棄だったのか、破棄に至る経緯、その後の経緯などいろんな要素を考慮して決めることになります。離婚の場合の慰謝料は200～300万円くらいが相場ですが、一般的にはそれより低めになります。

――逆に、結婚したいがために職業を偽ったり、年齢や学歴を偽った方が、それを理由に慰謝料請求されたりすることはあるんでしょうか？

それもありますよ。まぁ、交際する時はお互いよく見せたいでしょうから、多少収入や年齢をごまかすことはあるでしょう。そういう話なら慰謝料は認められないでしょうが、さっきちょっと話した、年収が２０００万円だとか自分は医者だとか言って女性の気を引いて付き合い、婚約したのに実際は年収が10分の１しかなかったとか、フリーターだったとかいう話を、結婚紹介所みたいなところでやれば、それは慰謝料請求されてしょうがないですよ。

だって、結婚紹介所はそういう条件だから結婚するというのが前提になっている訳ですから、そこでアピールした内容が事実と随分違うということになれば、それは慰謝料請求される可能性は十分にあります。

――ちょっとした出来心で事実を偽ってしまった人がいたとすれば、結納とか取り返しがつかなくなる前に早めにカミングアウトしておくべき話ですね。

そうですね。やっぱり交際期間が長ければ長いほど、騙された期間が長ければ長いほど、慰謝料の金額は高くなるし、例えばその間に肉体関係があった時となかった時では、あった時の方が高くなる。さらに妊娠して出産したとか中絶してしまったとか、あとは社内の人たちに紹介してしまったとか、どんどん事が大きくなればなるほど慰謝料は増える訳ですから。隠していることだとか、嘘があれば早めに言わないと、それを隠したまま婚約して結婚してしまうと大変なことになります。

——婚約解消もいろいろ大変ですね。

そうですね。だから、まずは婚約するかどうかを慎重に決めないとですね。婚約したら一定の責任が生じるからですね。こっちに非がなくても、とんでもない人と婚約しちゃうと大変ですから。

さっき、福岡は未婚率が高く、独身女性があふれているという話がありましたが、是非、婚約するかどうかは慎重に決めてほしいですね。ただ、慎重になることは大事だけど、慎重になりすぎると結婚なんてとてもできませんから、最後は自分を信じて新しい世界に踏み出すしかないかもですね。かくいう私は目をつぶって踏み出した口です（笑）。

【結論】理由や状況次第で、婚約破棄も慰謝料請求もできますが、まずはお互い誠実な話し合いを。

［＊脚注］

1　**竈門神社**

宝満山（竈門山）が太宰府の鬼門にあたるため、その鎮守として建立された神社。天武天皇2（673）年、心蓮上人が山中で修行をしていた際に玉依姫命（たまよりひめのみこと）の霊が現れたため、それを祀る上宮が宝満山山頂に建てられたのが開山起源とされている。

コラム❶

弁護士としての原点「薬害C型肝炎訴訟」

薬害C型肝炎訴訟をご存知でしょうか？

止血剤として使用された血液製剤にC型肝炎ウイルスが混入していたという事件です。

売血を原料に十分な安全対策がなされないまま販売されたこの血液製剤は、出産時のお母さんや生まれたばかりの新生児に多く使われ、被害を引き起こしました。

これを知った全国の弁護士は、全国から集まった原告と力を合わせて、それぞれ5つの裁判所で国と製薬会社を相手に裁判を起こしました。

まだ弁護士になったばかりだった私は、この裁判を通して、2つの事を学びました。

1つは、原告たちの高い志です。

どんなに相手が大きくても臆せず声を上げ、批判にさらされながらも、原告たちは全肝炎患者のために治療体制の確立を求めて最後まで高い志を持ち続け戦いました。

もう1つは、弁護士としての事件に取り組む姿勢です。

徹底的に調査をし、議論を戦わせて、求めるものを目指し、そのための準備を怠らない先輩弁護士の厳しい姿に専門家として事件に取り組む姿勢を学びました。

ここで学んだ、高い志を持つこと、専門家として事件に取り組む厳しい姿勢は、今の私の原点です。

2005年9月9日　東京パレード

2008年2月4日　和解後の記者会見

福岡・博多の［街　編］

西鉄バス

①路線バスが高速へ?! シートベルトはせんでいいと?

——福岡はバス王国と言われるくらい、バスが市民の足になっています。特に天神とかに行ったら、バスがひっきりなしに走っていて、県外の方に驚かれます。

天神なんか、「バスバスバスバス!」何台も連なって、「もー、電車?」みたいな感じですよね。

——他にも県外の方がびっくりされるのが、みんなバス停で並ばないというのと、バスがそのまま高速を走っちゃうということ。「並ばない」問題は一旦置いといて、高速は本当に驚かれるみたいですね。

普通の路線バスが高速に入っていくので「大丈夫か!?」と慌てる方が多いみたいですが、乗客は吊り革に掴まっているままだったりするあの状態は違法じゃないの？　といった声も聞かれます。

あはは、そうですよね。

でも、違法じゃないんです。あんだけ走ってて違法だったら問題ですよね。

——そうですけど、普通、高速道路ではバスでもシートベルト締めないといけないじゃないですか。でも、西鉄バスはシートベルトもしないし、そもそも立ち乗りだし。どうなってるのかさっぱり分からない。

それは無理ないですよね。おっしゃるとおり、車の運転手には、後部座席を含んだ同乗者にシートベルトをさせる義務があります。高速道路はもちろん、一般道でもシートベルトを着用させないで運転してはダメだと法律で決まっています。*1

――そうですよね。やっぱり。じゃあ、ダメじゃないですか。高速走ってるし、運転手は法律違反じゃないですか。

そう言いたい気持ちは分かりますが、そうじゃないんです。

さっきいった、法律、道路交通法なんですけど、その法律でシートベルトをさせる義務があるのは、「座席ベルトを備えなければならないこととされている乗車装置」に限るとされているんです。平たく言えば、シートベルトを備え付けなければならないってなっている座席だけってことですね。

で、どんな座席にシートベルトを備えなきゃいけないかが、これまた決まっていて、その規定によると本来は路線バスも、高速道路を走るなら、シートベルトを備え付けないといけないんですよ。

――やっぱり。

そうなんです。決まりでは本来はシートベルトがない路線バスは、高速道路は走れないんです。あっ、ちなみに、西鉄バスが走ってるのは高速道路じゃないですけどね。自動車専用道路。どっちにしたって、ダメなんですけど。

だから、西鉄バス以外は全国的にみても、路線バスが都市高速なんて、ほとんど走ってないじゃないですか。それは、そういう事なんです。

——じゃあ何で、西鉄バスは走ってるんですか？

それはですね。ちゃんとしてるんです。

本来はバスも、高速道路等（これに自動車専用道路も含まれる）を運行する車両には座席ベルトを備えなければならないとされているんですが、地方運輸局長が保安上支障がないと認定した場合は規制の適用を受けないんです。*2

で、西鉄バスもその認定を受けています。だから、シートベルトもつけなくていいし、立ち乗りでもいい。

もちろん保安上支障がない場合と言えるために、いろいろ条件がつけられています。

――そうなんですね。どんな条件が付いているんですか？

60キロ以上出さないとか、警報装置を備え付けるとか、バスの前後面に60キロという表示を付けるとかです。

福岡の都市高速には一部制限速度が80キロのところがあるんですよ。そこでも西鉄バスは60キロしか出したらダメなんです。シートベルトもないし、立ってるし危ないですから。でも、80キロ制限のところを60キロで走ってると邪魔だし、追突されそうで危ないじゃないですか。だから、60キロしか出せませんっていう印の表示をバスの前後に掲示してるんです。よく見たら、ナンバーの上くらいに丸い表示がありますよ。

――へー。知らなかった。そういえば、西鉄バスがマイペースで走ってて、おっそーって思ったことがあります。

でしょう。あれは、60キロ以上は出さないことが条件で認定されているからなんです。今度見てみてください。板付と福重の間とか、貝塚と福岡の間とかが80キロ規制だからそこを通るバスにはあるはずですよ。

同じ西鉄バスでも、本当の高速道路を走って熊本とか宮崎とか行くバスは、シートベルト備え付けの座席だし、立ち乗りもさせてないじゃないですか。定員以上は乗せませんよね。そしてシートベルトを締めてくださいってアナウンスも流れます。

あれは、そういう認定を受けてないからなんです。本当の高速道路ではさすがに、100キロまで出しますし、シートベルトなしや立ち乗りは危ないでしょうから、認定はでないんでしょうね。

――認定のおかげで目的地に早く着くことができるんですね。ありがたい。本当に、福岡市民にとってバスはなくてはならない交通手段ですからね。

私もずっとバス通学だったので、大変お世話になりましたし、今はなき西鉄の路面電車[*3]にも乗っていました。たしか、小学2年生ぐらいの時になくなったんですけど。

——今では、福岡に路面電車があったことすら知らない人も多いですからね。なんか広い道だな、と思ったらだいたいそれが路面電車が走っていた道だったりとか……。

福岡は道が直角じゃなくて、斜めに交差しているところがいっぱいありますよね。斜めの道がだいたい路面電車の軌道があった道ですもんね。それも結構大きい道路なので、よそから来た人は違和感ある人もいるみたいですよ。

路面電車で印象に残っているのは、両替で、車内で両替を頼むと、粉薬が入ってるような紙の袋に50円玉1枚と10円玉5枚が入っているのを渡されるんですよ。それをビリビリって破って必要な分払うって形だったですね。もう、知ってる人少ないでしょうね。

——私たち世代はリアルタイムでは知らないんですよ。私自身は別府エリアに住んでいたんですけど、六本松に行く途中に別府橋ともう一本橋があるんです。「樋井川筑肥橋」っていう。

あれ、ただの橋だと思っていたら、実はそこに旧国鉄の筑肥線が走っていたんですね。その線路が梅光園の緑道を通って、筑肥新道の方まで出ていたと。そういった話を聞くと、福岡もだいぶ変わったんだなぁと実感します。

本当に。そういった路面電車や旧筑肥線がなくなった代わりに地下鉄ができ、バスがいっぱい増えて、そのバスが今では都市高速も走っている、という訳です。

【結論】 運輸局長が認定しているから走れるんです。

［＊脚注］

1　**シートベルト着用義務**
道路交通法71条の3　2項
自動車の運転者は、座席ベルトを装着しない者を運転者席以外の乗車装置に乗車させて自動車を運転してはならない。

2　シートベルトを備えなければならない乗車装置とその基準の緩和

道路運送車両の保安基準　22条の3、55条

3　路面電車

明治時代に誕生した、福岡市内を走る路面電車（チンチン電車）。当初は福博電気軌道、博多電気軌道の2社が存在していた。2社の路面電車事業は紆余曲折を経て後の西日本鉄道に受け継がれたが、時代の流れと共に廃れていき、1979年に全線廃止された。

行列と割り込み

② ほんと、福岡の人は並ばんねぇ

——前に触れた「西鉄バス」に関連してなんですが、県外から来られた方が、バスの多さや都市高速を走るのと同様にびっくりされるのが、バス停で「なんで並ばないの？」と（笑）。

それは、逆に私が聞きたいです。なんで並ぶの（笑）。まずテレビドラマでびっくりしましたよね。バス停で人が並んどる、バス来てないのに並んどる、って。実際に見た時も「本当に並んどる〜」ってびっくりしたのを覚えています。

——福岡の人は、だいたいバス停があったらその周りにわらわらと散らばっている（笑）。

みんな好きなポジションにいて、自分が乗るバスが来たら、わらわらと寄ってきて、まあちょっと牽制しながら、みたいなね。微妙な間合いで乗っていくじゃないですか。

――乗り口が今日ちょっと向こうやったとか、こっちやった、とか。

「もう、すかーん。私の前に停まらんかった」とかね。

――ですね。あの現象にはいろいろ理由があるみたいですが、福岡の県民性も表れているのかなと。福岡では行列があんまり多くないのも、並ぶのが嫌いっていう気質が関係してるように思えます。

私も行列作ってご飯食べるとか嫌いですもんね。並ぶくらいだったら違うところに行こうかな、って考えます。じっと並んでいるというのが耐えられない。

――そうですよね。たぶん他の都市に比べると行列率は少ないんじゃないかな。それ分かります。東京の人とかが、行列があったら取り敢えず並んでみるってテレビで言ってたんですけど、全く理解できない。

だから、おとなしく並んでる人を見ると、福岡の人じゃないように思えちゃうんですよね（笑）。福岡の人はあんなに並ばないって思ってる（笑）。

――とにかく福岡の人は行列が苦手。まあ電車はしぶしぶ並ぶということはあるかもしれないですけど。

並んでる時はですね。やっぱり座りたいし（笑）。私も並ばないと座れそうになければ、しぶしぶ並んでいます。でも、福岡駅とか、最低限ですけどね（笑）。

――そういった中で、バス停での福岡ルールは他県民からすると「あっ割り込みされた！」

みたいに受け取られるかもしれません。そもそも、割り込みの罪を問うことはできるのかな、というのを聞きたいんですが。

まあ確かに、行列に並んでいる時に割り込まれると、ムカッときますよね。あれは犯罪になるのか、調べてみました。

実は軽犯罪法にそういう規定がありまして、紹介しますと、第1条13号で「公共の場所において多数の人に対して著しく粗野若しくは乱暴な言動で迷惑をかけ、又は威勢を示して汽車、電車、乗合自動車、船舶その他の公共の乗物、演劇その他の催し若しくは割当物資の配給を待ち、若しくはこれらの乗物若しくは催しの切符を買い、若しくは割当物資の配給に関する証票を得るために待っている公衆の列に割り込み、若しくはその列を乱した者」というのが軽犯罪法違反になっているんです。

——すみません……分かりませんでした。

ちょっと長かったですね。要は、威勢を示して、つまり人を怖がらせて、汽車や電車などの公共の乗物の行列、あとイベントの行列や、チケット販売の列に割り込んだり、乱したりしたら犯罪ですよ、という話なんですね。

「威勢を示して」と書かれているところがポイントなんですが、無言でスッとスマートに入っていくと、軽犯罪法的にはセーフ。怖いお兄さんが「オラァー」とか言って入ってきたらアウト、みたいな話です。

よくある、図々しい人が無理矢理入ってきた、みたいな感じだとちょっと難しいかもしれません。ちなみにその軽犯罪法に違反すると、ペナルティは科料、拘留ということになります。科料は罰金の軽い版。一〇〇〇円～一万円未満。拘留は懲役の短い版で30日未満の身体拘束です。

――さりげなく列に入ってきた人は、別に罪に問われないと。

そこはやっぱり、法律違反というのと、常識とか倫理などとのギャップかな。法律というのは最低限のルールを守らせるためのもので、これ以上やったら違法ですよという話なので、通常私たちが暮らしの中で「普通こうよね」って考えるレベルとはだいぶ違う。だから、割り込みは常識のレベルなら当然アウトなんですけど、じゃあ法律で規制するかというと、そのレベルには達していないということなんですね。「オラオラァー!」って入って来るのはさすがに違法として、最低限のルールを守らせるという機能を果たすに過ぎないんです。逆に言えば、何でも法律で処罰することになれば、それはそれで窮屈ですし。

——例えば、ちょっとコワモテのお兄さんがスッと入ってきたとして、「いやちょっと並んでるんですけど」って言って、「なんや?」って凄まれたらそこで、威勢を示して割り込んだことになるので、一応しょっぴけると。

そうですね。「軽犯罪法違反ですよ」って言ったら、もっとワーッて言われるかもしれませんけど(笑)。

――あと、福岡県民の名誉のために一応付け加えておくと、西鉄のバス停でみんな並ばない言い訳として、路線が複雑なので、並んでいても、このバスには乗らない、次のバスには乗る、みたいになるから、並んでもあんまり意味がないっていう。

そうなんですよね。西鉄バスは、一つのバス停にいろんな行先のバスが停まるので、並んでもみんなが次のバスに乗る訳じゃない。だから行列を作らず、自分の乗るバスが来るまで、みんな好きなところで待ってる。

――そして、バスが来たらわらわらわらっと動き始める。

そうそう。一応合理的なんです（笑）。
私もバス停では並ばないし、お店で並ぶのも嫌いなんですけど、電車のドアが開いて降りる人よりも先に乗り込む人、あれは許せないんですよ。

――それはありますね。

でも他の所の人たちって結構先に入ってくるんですよね。あれがカチンときて。あっちの方がマナーが悪いと私は思っているんですけど。

――たしかに。そう考えると福岡の人はいい人たちですよね。

福岡はわりと、出て行く人が先というルールは守られていると思います。単純に、先に降りてもらわないと自分たちが入れないからかもしれませんが（笑）。

【結論】普通は犯罪にはなりませんが、マナーは守りましょう。

お寺密集地・博多

③ 自分の家やけん、庭にお墓があってもいいっちゃない？

——我々地元民も見落としがちなポイントなんですが、博多ってお寺がすごく密集してる地域。博多駅から千代あたりにかけて、承天寺[*1]を起点にずらーっと並んでいて、ものすごいお寺密度になっています。

そうですね、御笠川沿いは、ズラーッと全部、お寺ですよね。

——福岡の人も多くの方が知らないんですけど、実は京都に匹敵するかもというくらいの規模です。もしかして、面積当たりの数でいったら博多のほうが多いんじゃないかと思えるほど。

そうかもしれないですね、確かに。

――もともと博多は海外への玄関口だったので、中国から渡来した僧や、中国に渡った後に帰国した僧が博多で開山したという基盤があって、その後江戸時代に、軍事施設という面も含めてこの地に寺を密集させたというような背景があるらしいんです。

墓石が鉄砲の弾よけになっていた、みたいな話ですよね。

――そうですそうです。しかも、周りに堀を造ったりして、敵から福岡城を守る防衛線としての機能も持たせていたみたいなんですが、このあたりのエリアにも馴染みが深いんですか？

そのお墓の密集地の辺りで育ちましたし、うちのお墓も櫛田神社の近くのお寺にあります。お盆やお彼岸には墓参りにも行きますよ。

子どもの頃、親に連れられて墓参りするじゃないですか。一生懸命墓石をたわしで磨いて水を汲んでかけて「あーきれいになったね。ご先祖様も喜んでるね」って、手を合わせるんです。でも、最近テレビで観たんですけど、ああやって墓石をゴシゴシしたり水をかけたりするのは墓石が傷むので良くないそうです。あんなに一生懸命やってた私は、なんだったんだろう(笑)。

——まあ、すり減るところもひとつの味かも（笑）。ご先祖様を大事にしている気持ちの表れということで。

そういったお墓参りをしっかりされている家庭もある一方、檀家離れとか、お墓が遠くて墓参りが大変という方も多くなっています。極端な話、「いっそうちの庭にお墓作っちゃえ」みたいなことができれば便利かと思うんですが、それってNGなんですか。

お墓が家の敷地にあったら楽でしょうね。毎日でもお参りできるし、わざわざお寺まで行かなくていいし。また、費用も抑えられるんじゃないでしょうか。でも、現状では基本的には難しいんです。

お墓っていうのは、こわいイメージもあるじゃないですか。普通に売り買いした宅地から、骨壷が出てきたら大変でしょうし。そういうこともあるんだと思いますが、お墓はどこにでも作れる訳ではないんです。

まず、埋葬や遺骨の埋蔵をするのは「墓地」じゃないといけない、ということが墓埋法[*2]という法律で決まっています。お墓じゃないところに埋葬したら違法です。なので、基本自宅の敷地に遺骨を埋めるのはＮＧ。

ただし、法律上は、都道府県知事の許可があれば墓地を新しく作ることができるとされています。もっとも、原則として地方公共団体が対象で、その他も、公益法人や宗教法人等じゃないと難しいようです。お墓の管理の永続性と健全な経営の確保のためといわれています。だから、個人の庭に許可が出ることはまずないようです。

――なるほど。

では、遺骨を埋めずにそのまま持っていることはできるんですか？

はいできます。

遺骨を埋葬するのはお墓じゃないといけないんですけど、遺骨を置いているだけ、保管するだけ、ということだったら自宅でもできますよ。

――そうなんですね。

なので、例えば、ずっとご主人の遺骨と暮らしたい方や、お子さんを亡くした方とかは離れがたくて、ご自宅に安置されている方もいらっしゃると思うんですけど、それは別に違法になる訳でもなんでもないんです。お気持ちの整理がついてから納骨されればいいんです。

――散骨はどうですか。

「散骨」時々、耳にしますよね。海に撒くとか山に撒くとか、関わりがあるところに撒くとかいろいろあり得るんですけど、昔は全然ダメだったようです。１９８７年に俳優の石原裕次郎さんが亡くなった時、遺族が「海に還してあげたい」と言ったらダメだと言われお墓を建てた、というような話もありました。

その後、1991年に法務省が「節度をもって行なえば違法ではない」ということを発表したのをきっかけに、各自治体や団体がガイドラインを作って、現在はそれらにのっとって行なえば散骨もOKとされています。石原裕次郎さんの遺骨も、後に海へ散骨されたようです。

——ルールとモラルを守れば、海や山に還ることもできるんですね。

そうですね。例えば、海水浴場とか市街地の上空とかで散骨されたらみんな嫌じゃないですか。だからやっぱりそういうのはダメですよね。

他の人に嫌な思いをさせないということをふまえた方法なら認められるという訳です。節度をもった散骨でなければ遺骨遺棄[*3]として犯罪になる可能性があるので、注意が必要です。

遺骨の埋葬であれ、散骨であれその他の方法であれ、死者への畏敬の念と、周りの人たちの生活や感情に対する思いやりが大切な訳です。

それらを守りながら、故人と自分も含めた家族の思いにかなった形で弔うことができるといいですね。

【結論】 作れません。

［＊脚注］

1　承天寺（じょうてんじ）

博多区博多駅前に所在する臨済宗の寺。１２４１年、宋から帰国した円爾によって開山された。宋との国交で様々な文化が持ち込まれ、うどん、そば、饅頭などは承天寺が国内発祥の地とされている。博多祇園山笠発祥の地としても有名。「オッペケペー節」の川上音二郎もここに葬られている。

2　墓埋法

「墓地、埋葬等に関する法律」。本文で紹介したほか、死後24時間以内の埋葬・火葬は禁止、といったことに始まり、火葬、埋葬、納骨などに関する規則、手続き他が記されている。散骨についての記述はないため、１９９１年の法務省発表が現在の散骨許可の根拠となっている。

3　遺骨遺棄罪（刑法190条）

「死体、遺骨、遺髪又は棺に納めてある物を損壊し、遺棄し、又は領得した者は、3年以下の懲役に処する。」とされている。死体等を場所的に移動して放置、隠匿することの他、慣習上葬祭の義務を有する者が単に放置した場合もこれにあたる。散骨は「遺骨」を「遺棄」することになるため、節度をもって行わない場合は同罪が成立する可能性がある。

博多ラーメン

4

元祖の元祖は元祖たい！屋号が似とっちゃいかん？

――福岡のソウルフードの一つ、ラーメンについて。県外から来た方々に「美味しい店に連れてって」とよく言われますが、一口に博多ラーメンといってもいろんな所があるので困ります。

悩みますよね。好みもあるし、有名どころは東京とかにもあったりするし。

――そうなんです。そんな中でよく選ばれる場所の一つが、「元祖長浜屋」。以前は注文を取らず、店に入ると問答無用でラーメンが出てきました。

そうでしたね（笑）。学生時代「元祖。元祖」って言って行ってましたよ。のれんをくぐって間髪入れずに「カタ」とか言わないと、間に合わないというスピード感でした。今は食券方式になっていますが。

――その「元祖」なんですけど、「元祖長浜屋」の他に「元祖ラーメン長浜家」とかが出てきて、あの一帯がカオス化しました。

昔は「元祖長浜屋」だけだったんですよね。その本店と支店がすぐ近くにあって、ほかに似たような店名はたぶん無かったんです。平成に入ってそこの店員さんが「元祖ラーメン長浜家」を作って、そして全く同じ名前の店が別にできて、裁判[*1]になった。

――「元祖長浜屋」から「元祖ラーメン長浜家」が派生して、近くに同じ「元祖ラーメン長浜家」ができて、訴訟を起こしたのは……ややこしいですね。

分かりやすく、できた順に元祖1、元祖2、元祖3としましょうか。

――はい。元祖2の近くに同じ名前の元祖3が出てきたので、元祖2は元祖3を相手取って屋号の使用の差し止めと売上が減った賠償を求めた訴訟を起こした、と。この裁判の結果はどうなったのですか？

この裁判はけっこう複雑で、「反訴」という、反対に被告が原告を訴える裁判も起こったりしているんですけど、結論から言うと、元祖2を作った店主の請求が認められなかった、というところで終わっています。

――元祖2は商標を登録していなかったとか？

いいえ、裁判を起こす前に商標登録はしていたんです。それに基づいて、うちの商標である「元祖ラーメン長浜家」を使うなっていう裁判をしたんですよ。その場合、基本的には、商標登録されているから使ってはいけないという判決になるのが原則なんです。

でもこのケースでは特別な事情があって、元祖3を開店した人は元祖2にもともといたんですが、その頃に元祖2の人が「長浜家という名前を使っていいよ」というような覚書を書いていたんです。元祖3からすると「いいって言っとったやん」となってトラブルになった。いいと言って覚書作った後に商標登録をして、その登録に基づいて使うなとか、それはできん。と裁判所は判断しました。

――商標登録の前にＯＫしちゃってたんですね。

でもこれ、翻ってみると元祖1が本当の元祖な訳です。もし、この「元祖長浜屋」が「元祖ラーメン長浜屋」を商標登録していれば、元祖2も3も、たぶんその名前は使えなかった。漢字は違うんですけど、類似の呼称も保護されるんです。元祖の元祖からすれば、どっちも真似しとろうもん、って話ですよね。

裁判の方も、覚書で「いいよ」って一筆出しとったやん、みたいな理由で決着がついているというところが、なんとも博多の人の大雑把なところといいますか、愛すべきところといいますか。まぁ、裁判までしてるんで何ですが。

――仮に、覚書がなくて、口約束で「いいって言ったよね」と、言った言わんみたいな話だったとしたらどうなっていたでしょう?

覚書がなかったとしても、合意があったと認定できるような材料、例えば録音とか、第三者の証言とか、そういう根拠があれば同じ結論になる可能性はあると思います。ただ、証拠がないと、裁判官も判断しにくいので、やっぱり一筆があったっていうのは何よりも大きかったと思います。

――まあ我々としては、元祖のラーメンが食べられる場所が増えたからいいじゃないかという感じで(笑)。

そうですね。私は「元祖長浜屋」にしか行ったことがないから違いは分からないですけど。
ちなみに元祖3は川端の方に移転したようです。

【結論】 商標登録は、先にした方が優先されますが、使っていいと認めれば、他の店も使えます。

［＊脚注］

1　**元祖ラーメン長浜家裁判**
福岡高等裁判所　平成26年1月23日判決

明太子

5

製法特許、取らんのは何で？

――次のテーマも博多名物、「辛子明太子」のお話です。実家では明太子も取り扱われていたとか？[*1]

そうです。うちの実家は乾物屋から始まって海産物を扱うようになって、40年くらい前から、明太子を作ったり、原料を卸したりするようになったんです。だから小さい頃から、ご飯のおかずがなければ工場に行って明太子をもらってました（笑）。そういう家庭で育ったので、ご飯にのせて食べるのも好きだし、明太パスタも作るし、パンにもつけるし、大体なんでも明太子で育ってきました。

――やっぱりうちのが一番、みたいな。

どうかなぁ。ほとんど実家の明太子しか食べたことがなくて。「明太子屋さんやから詳しいやろ?」って言われるけど、自分の家で売ってたら、よその明太子はあまり食べないんですよね。だからよく分からない（笑）。でも、大好きです。

――今では博多名物として定着している明太子、いろんな会社で作られているんですけど、最初に作った人が「うちのを真似したらダメ」みたいな感じで、明太子を独占することはなかったそうですね。

明太子の元祖といえば、「ふくや」さん。その創業者である川原さんご夫婦が開発して、みんなに広くそのレシピを公開したと聞いています。もし製法特許を取っていれば、特許権として保護されて、他の人は使うなということが言える可能性はあったでしょうね。

――なるほど。商標、ネーミングではなくて、その食材の作り方の特許があり、それを取らなかったと。

そうです。明太子については商標も製法特許も取っていらっしゃらなくて、もう全部オープンにしたので、みんながどんどんそれを使って作って、博多の名物になったと言われています。

――ここで明太子の歴史を辿ってみると、明太子の生みの親である「ふくや」の川原夫妻が、戦前は釜山に住んでいて、戦後の引き揚げを経て博多で乾物屋を営んでいた。それで看板商品が何かできないかと考えた末、朝鮮半島で食べた記憶があるタラコのキムチ漬けである明卵漬(ミョンランジョ)を、日本人向けにアレンジしたらいけるんじゃないかと、日夜研究を重ねて今の明太子を作り上げたと。それでできあがった明太子がどんどん売れてきたので、周りから1日でも早く製法特許を取ったほうがいいよと勧められたらしいんですけど。

でしょうね。ヒット商品ですから。

——ただその時に、惣菜だから製造法を秘密にしてもしょうがない、特許の必要もない、高く売ってもいけないと言って、頑として聞き入れなかったらしいです。このエピソードはテレビドラマ「めんたいぴりり」[*2]でも描かれていましたよね。

皆で分かち合おうとした訳ですよね。素晴らしい。そういう考え方の素晴らしさもありますが、実は特許を取らないメリットがある場合もあるんです。

製法特許を取得する時には、申請時にレシピを公開することになります。特許として登録するので内容を知らせないといけないから。そうなると、秘伝のスープみたいなものがあっても秘伝が公開されちゃう。しかも、特許があっても、似た味の商品が出てきたとしても、自分と同じ製法かの検証が非常に困難です。特に食品はそういった面で、特許権を侵害されたかどうかの立証がしにくいというところが問題なんです。

——確かに、特許を取ったせいでパクリ放題になってしまう可能性が……。

しかも、特許の期間は20年、例外的なことがあっても25年までと決まっているんですよね。そのあとはフリーになっちゃうので、先祖代々、一子相伝、秘伝のたれ、ということにはできない訳です。だから、秘伝方式でいきたいので、あえて特許を取らないという選択をするところもある。似たような味を見つけたらいちいち裁判をやっていくのかという問題もありますし。特許を取ればいいじゃないかというのは確かにそうなんですが、特許を取ったら夢の世界が待っているかというと、そうではない。

——今の「秘伝」というお話を受けてなんですが、ふくやさんは辛子明太子という商標、商品名を辛子明太子ではなく「味の明太子」としているんです。

そうですね。確かに「味の明太子」と書いてありますね。

——これも、製造法は全部教えて、製造工程を見たいという人が来たら工場を全部オープンに見せていたみたいなんですけど、企業秘密が一つだけあって、隠し味を最後に効かせているらしいですよ。だから、辛子明太子ではなくて「味の明太子」という名前にしているらしい、ということです。

なるほど、素晴らしい！

――それがあるからこそ、皆さんが「うちはこういう明太子です」みたいにしのぎを削って、博多の名物として定着した、と。

そうですね。お店によって味がいろいろ違いますもんね。昆布が入っていたり、ワインで仕込んでいるところがあったり。そしてそれが、全部博多の名物「辛子明太子」として全国の皆さんに愛されている。

――でも、不思議ですよね。明太子は博多の名物ですけど、そもそも、原材料は博多とは全然関係ないという。

そう。ほとんど関係ないんですよ。原料のたらこは福岡でとれないですしね（笑）。うちも北海道に買い付けに行って、北海道から運んできて福岡で加工。唐辛子も福岡じゃないし。

——博多湾でスケトウダラは獲れないけれど、明太子だけはこれからも博多名物で（笑）。

【結論】取らないほうがいい場合もある。

［＊脚注］

1　明太子（辛子明太子）

スケトウダラの卵巣を、唐辛子や調味料などで漬け込んだもの。福岡市の「ふくや」を発祥として全国に広まり、現在でも福岡が生産量・消費量ともに1位を誇る。「明太子」の名は、韓国で原材料のスケトウダラを明太（ミョンテ）と呼ぶことに由来する。

2　めんたいぴりり

2013年、辛子明太子を日本で初めて製造・販売し、福岡を代表する食産品に育て上げた、ふくやの創業者川原俊夫夫婦をモデルとしたドラマが放送された。その後、続編が放送された他、博多座での舞台公演や映画化もされ、好評を得た。

ドーム球場

6 観戦中に打球で大けが！　訴えてよか？

——福岡は、かつては西鉄ライオンズ、今はソフトバンクホークスのホームでもあり、野球となると盛り上がる土地柄なんですけど、先生は昔ソフトボールをされていたとか。

学生の頃ですね。弱いチームだったんですが、楽しくやっていました。真っ黒に日焼けして。外で練習してると夏は頭の皮がむけるんですよね（笑）。

——頭の皮？

頭の皮がこう日焼けして、髪の毛の穴がポツポツと開いた状態でむけるんです。それを見て

「こんな風になるんだぁ」って（笑）。そんな学生生活で、でも楽しかったですね。

——爽やかというか、ユニークというか。そんな名残で今でも野球がお好きということなんですけど、福岡で野球観戦といえばヤフオクドーム。福岡ドーム↓ヤフードーム↓ヤフオクドームとちょこちょこ名前が変わっています。

最初はツインドーム[*1]計画だったんですよね。二つドームを造るとか言ってたけど、結局一つしかできなくて。

——開閉式の屋根が高くついたという。そんな福岡のシンボルの一つ、ヤフオクドームですが、最近ではコカ・コーラシートとかホームランテラスとかいろいろな席が出てきて、野球をより臨場感のあるところで観られるようになっています。ただ、ファウルボールなどが飛んできて直撃すると大けがをする可能性もあるんですが、打球が当たって大けがを負ったような場合、損害賠償請求はできるものですか？

ファウルボールはしょっちゅう客席に飛び込んでくるから、人に当たったりしたことも実際あって、裁判になった事例はそんなに多くないんですが、賠償が認められているものもあります。

――訴える相手は誰になりますか？

さすがにバッターを訴える人はいないでしょう。法的には、試合の主催者か球場の管理者で、試合の主催者は、たいていはホームの球団です。主催者は、観客と観戦契約を結んでいるという形になっているので、その観戦契約に付随する安全配慮義務というのが法律上あって、観戦が安全にできるよう配慮しなければいけないとされているんです。それに反して、球場の安全対策が不十分だったりした場合は、事故などに対して責任を負うこともあります。

また、球場自体の所有者、管理者が責任を負う場合があります。ヤフオクドームは所有・管理もホークスですが、例えばカープのホーム球場であるマツダスタジアムの場合は、所有者は広島市、管理者はカープ球団です。

――ホームグラウンドが必ずしも球団のものとは限らないんですね。

はい。所有者や管理者が球団と違う場合は、それぞれが責任を負う場合があるんです。ただし、認められた事例はかなり少ないのが実情です。

例を挙げると、平成22年、札幌ドームでの日本ハムの試合[*2]で、ファウルボールが観戦に来ていた親子のお母さんの目に当たって、眼球破裂で失明されたという非常に大きな被害が出た事故があったんです。不幸な事案なんですけど、ここでは球団に対する賠償請求が認められていますが、球場の所有者・管理者への請求は認められませんでした。

――札幌ドームの所有者は、札幌市ですか？

そうです。施設に欠陥はなかったので、球場所有者と管理者への請求は棄却されました。一方、球団に対しては賠償を認めています。

この事故は、観戦プレゼントみたいな、あまり野球観戦をしたことがない人たちに来てもらおうという企画の中で起きた事故だったらしいんですよ。そういう観戦に不慣れな人に、鋭い打球が来るような席を用意してはいけないだろう、と。良い席をあげたのにそんなふうに言われた球団もかわいそうな気もするんですが、危険性の低い座席にしなきゃいけなかったんじゃないかとか、危険性の周知が足りていなかったのではとか、そういったことが指摘され、球団に安全配慮義務違反があるとして、賠償が命じられました

――なるほど。これは「過失相殺2割」となっていますね。

観客の責任も一部あるという判断です。
野球を観に行けばボールが飛んでくるのは当たり前、インプレーの時にボールから目を離すのは危険だとして、観ている方の自己責任という声も大きいんです。なので、他にも賠償請求の裁判になっている事例はいくつかあるんですが、認められなかったものが多いんですよ。

――この日ハムの裁判はちょっと特殊な事例なのかも知れませんね。

例えば楽天*3の事案では、裁判で責任が否定されています。同じようにファウルボールが飛んできて当たったって、同じく眼球破裂したという事故ですけど、請求棄却になっています。

——ヤフオクドームの、コカ・コーラシートは、鋭い打球が飛んで来るのが前提ですよね。

貸出用のヘルメットとグローブが置いてあるくらいですから。

ＨＰでみたところ、いろんな決まりがあります。「無理な捕球」は禁止。子どもはもちろん保護者同伴。インプレー中は飲食やスマホはしない等注意がいっぱいあって、それらに関する承諾書も、当日、署名を求められるようですね。ここまで言われると、打球でけがをしたとしても、球団の責任は否定になるか、過失相殺が大きくなる可能性が高いですね。きっと。

——野球観戦に慣れている側からすると、特にあのラインって思いっきり引っ張った打球が来るから、打者が打つ瞬間に目を離すなんてこわくてできないです。

硬球ですからね。当たったら大ごとです。外野なら、まわりが「ワーッ!」って言うし、打球が来るまでに時間もあるからそうでもないけど、1塁側と3塁側のあの辺はやっぱりすごい打球が一直線に飛んで来るから緊張感が必要ですよね。

——先生もボールが当たった経験があるとか?

あはは! どんくさくて言いたくないんですけど(笑)。先週、目にボールが当たったんですよ。

——笑っていらっしゃいますが、目ですか……。しかも本当に最近の話ですね。

めっちゃ最近です。もちろん、学生でプレーしていた頃は何度も当たっていますよ。先週のは、それとはちょっと違って、少年野球の付き添いをしていた時の話で、選手が熱中症でバタバタ倒れたんですよ。その子たちを介抱していたら、ちょうどセカンドからファーストに投げたボールが、たまたまファーストベースの延長線上でゴソゴソやってた私の目にガンッと当たってですね。

——えーっ！

もう大変。痛いからとりあえずコンタクト外そうって思って目から出したら、三日月型なんです、コンタクトが。

——うわあ……割れてたんですね。

そうそう。「三日月や〜割れとう〜」って。でもあと半分がどうしても取れなくて、べろーんって目の玉の皮みたいなのがむけてるところもあるし、これはまずいと思って眼科に行って取ってもらったんです。という訳で今日は眼鏡（笑）。

――そういう理由だったんですね。なんてタイムリーな。

私も直近の経験談を話せるとは思いませんでした（笑）。ともあれ、野球観戦は安全面に気をつけて。

熱中症の子を介抱する時も、ボールの行方には気をつけて、物陰に隠れてやりましょうね。

ちなみに、ファースト守って取りそこねたのは、うちの息子でした。頼むよ息子くん！（笑）

【結論】請求が認められないことも多いので、くれぐれも観戦中はご注意を。

［＊脚注］

1　**ツインドーム計画**

福岡ドーム（現・福岡 ヤフオク！ドーム）建設当初は、球場と娯楽施設のツインドームを建設する計画だったが、当時の球団母体だったダイエーの経営悪化により、１９９３年のオープン時にはドーム球場と商業施設という形態になった。商業施設側はホークスタウンモールを経て、２０１８年に「ＭＡＲＫ ＩＳ 福岡ももち」として生まれ変わった。

2　日ハム戦ファウルボール事故裁判

札幌高等裁判所　平成28年5月20日判決（札幌地方裁判所　平成27年3月26日判決）

3　楽天戦ファウルボール事故裁判

仙台高等裁判所　平成23年10月14日判決（仙台地方裁判所　平成23年2月24日判決）

味のタウン

7

「金がないなら、皿洗え」は、いかんと？

――よく福岡は食べ物がおいしいって言われますが、本当に名物も多いし、どのお店に入ってもおいしいですよね。天神界隈はグルメスポットがいっぱいで、屋台もいっぱい出てるし、ビルにはたくさん飲食店が入っていて、「味のタウン」という名前の界隈までありますよね。

懐かしいですね、「味のタウン」。私も時々行きますよ。博多名物「因幡うどん」鉄板の、ごぼう天うどん。やわくておいしいですよね。

――ソラリアステージの地下ですよね。味のタウンに限らず、あの辺りはもう一大飲食地域というか、今でもご飯屋さんが多いところではあるんですけど、そういったところで時に起こり得る「無銭飲食」について。先生、弁護のご経験ありますか？

うーん、どうだったかなぁ。私はないかも。ただ、無銭飲食だとか万引きだとかは、わりと犯罪としては多いです。

――そういった無銭飲食って、テレビの中の世界では「皿洗いで許してやるか」みたいな話があったりするんですけど。

昭和ですねえ。今どきはあんまりないんじゃないかな。食洗機もあるし（笑）。捕まえたら警察に引き渡して終わりのような気がします。でも、昔は人情店主が「皿洗ってけ！」みたいな事が実際にあったかもしれませんね。

――その、無銭飲食を皿洗いとか、手伝いで許してやるというのはどうなんだろうと。そもそも、無銭飲食自体が罪ですよね。

もちろん犯罪だし、詐欺行為ですね。だから、被害者である店主が労働で返せと言うのは問題ないいんじゃない？と思うかも知れませんね。でも法律上は、ちょっと、問題なんです。

皿洗いというのは「労働」なんですよね。で、その対価は「賃金」な訳ですよ。[*1]賃金は現金払いが原則で、勝手に貸し金とかと賃金を相殺することができないと決められているんです。そんなことを許すと、働いても働いても借金のために給料がもらえなくて生活ができない人が出てきたりして困るので、労働基準法でそういう仕組みをわざと作って、労働者を保護しているんですね。

これをそのまま無銭飲食のケースに当てはめると、無銭飲食は犯罪だけれど、正当な労働対価については現金で支払ってもらう権利がある。だから、皿洗いさせたら、店主はまずは賃金を払わないといけない。そして、皿を洗うことでもらったお金を、犯人がすみませんでしたって返す。それなら、いいんですよ。

——なるほど。基本的に、1回、ギャラを払わないといけないいんですね。

そうそう。ただ、賃金を「相殺してもらっていいです」と、労働者側から納得して言うのはいいんですよ。店主側が「皿洗っていけ！」と労働させて賃金を払わないのがダメ。また、労働を強制すると、別の問題が起こってきます。

――実はすごく複雑で微妙なところにいると。

店主が犯人の首根っこを掴んで、「ここで皿洗え、洗わんと警察に突き出すぞ！」みたいな半強制的なことを言うのは、それはそれで強要や恐喝などに該当する可能性もある。結局、皿洗って返せっていうのは、実際にはいろいろ難しいんじゃないかな。

――極端な話ですけど、600円のラーメン1杯を無銭飲食したとして、皿洗いを5〜6時間させられたら、労働っていう意味でいうと、福岡の最低賃金814円（2018年10月1日時点）×6時間で、ラーメン1杯が都合5千円近くになっちゃいますね。2時間でも1600円以上。

そうですね。いろいろあったって1時間かそこら働けば十分なんじゃないかって感じがしますよね。

——もちろん、無銭飲食をしてはいけないんですけど、基本的には「皿洗ってけ！」みたいなのではなくて、警察に突き出されるのが普通と。

皿を洗ってそれで事なきを得たケースは弁護士のところには来ないので、もしかしたらそういうケースもあるのかもしれませんが、基本はやっぱり警察に引き渡してるか、温情で「今回だけよ」となってるかじゃないかな。あとは、家族が呼ばれて支払う。

——無銭飲食で弁護士のところにくることもありますか？

私は経験ないですが、常習者も結構多いです。刑務所から出てきて、お金がなくて、すぐ無銭飲食して、また刑務所に入る。むしろ入りたいっていう人もいますよね。刑務所から出てきてもやっぱり辛いし、生計も立たないという理由で。

——被害者の店主も、その無銭飲食代を請求して賠償されるかというと、それも難しそうですね……。

お金がなくて無銭飲食をしている訳なので、被害をお金で賠償するのはなかなか難しいし、もう親族とかにも見放されている場合も多いんですよね。ケース・バイ・ケースではあるんですが。

——そういう悲しく空しい無銭飲食をせずに済む世の中になれば一番いいというところですね。

あと、「皿洗いで許してやるか」の相手が外国人だった場合は、また別の問題になり得ます。外国人の場合、お互いが了解していればＯＫとはならないんです。

外国人は勝手に働いてはいけないという決まりがあって、就労ビザがないと働けないということになっているんですよね。その関係が近年では問題になっていて、就労ビザがない外国人に、働いてくれたら宿泊費タダにしますよ、という対応をした札幌のホステルの事例で、不法就労助長罪で逮捕者が出たこともありました。外国人だと、同意していても問題になる訳です。

――なるべく安く滞在したいという外国人と、働き手が足りないお店のニーズは、一致しているのにですね。

今は留学生[*2]とかでも、働ける枠が昔より少し緩くなっているので、場合によっては大丈夫なこともあるかも知れませんが、宿泊代分で何ヵ月も働かせているとやっぱり基準を超えるだろうから、無理でしょうね。

――そうですね。留学生も本来は学業を深める目的で日本に来ているのに、働く量が増えすぎてしまったら本末転倒ですからね。

福岡も含め、全国的に外国人の方が増えているし、外国人労働者のことは国を挙げて議論されてもいますが、雇い手側は不法就労にならないよう慎重にならないといけませんね。

【結論】 一方的にさせてはいけません。相手がＯＫでも外国の人だと不法就労に注意。

［＊脚注］

１　通貨支払いの原則

通貨支払いの原則　労働基準法２４条１項

相殺の禁止　同法１７条

２　留学生の就労

日本国内での留学生のアルバイトは禁止されてはいないが、学業が本分という観点から「1週間に28時間以内を限度」と規定されている。ただし、「資格外活動許可証」が必要で、風俗に関連する場所での就労は禁止。許可証なしにアルバイトに従事した場合は不法就労扱いになる。

自転車

8 「車じゃないけん、よかよか」って言ってられんよ

――福岡はかつて、自転車について悪名高き地域でした。最近は色々と改善されてきてはいますが、今でも放置自転車の数は多いし、乗り方のマナーも悪く、福岡は鍵をかけていないと盗まれる、北九州は鍵をかけていても盗まれる、筑豊は乗っていても盗まれる、などと揶揄されたりもします。自転車マナーのトラブルや、自転車による事故も後を絶ちませんよね。

県警の交通年鑑によると、自転車による事故の件数はこの10年間で減少傾向にあります。ただ、減っているとはいえ年間数千件の事故が起きているし、事故で亡くなった方もいます。福岡ではありませんが、「ながらスマホ」[*1]でぶつかっておばあさんが亡くなったという事案もあって、あれは重過失致死罪で立件されました。

——自転車でそういった死亡事故を起こした場合というのも、車と同じように罰されますか？

自動車で死亡事故や傷害事故を起こした場合、自動車運転過失致死傷罪や危険運転致死傷罪に問われますが、これらは自転車には適用されません。

基本的には、過失致死傷罪が適用されます。

ただ、過失が大きい場合には、重過失致死傷罪が適用されて、業務上過失致死傷罪と同じ刑で罰せられます。

昨今の自転車の性能の向上や、電動自転車の普及、ながら運転の多さ等の危険性を考えると、自転車の場合も業務上過失致死傷罪が適用されるようになる可能性もあるのではないかと思います。

自動車とまでは行きませんが、自転車も危険なものという意識が必要ですね。

——そうですね。自動車の場合は保険に入っていることが多いですけど、自転車の場合というのは自賠責もありませんから、本当に気を付けないとですね。
ここで改めて、自転車の規則というのを確認したいと思うんですけど、どういうことが違法と言われているのでしょうか。

結構いっぱいあります。まず、自転車も道路交通法上は「車両」だという認識が必要です。なので、自転車でも飲酒運転は違法です。5年以下の懲役または100万円以下の罰金ということになっています。あとは一時停止違反だとか、一方通行に違反すると3ヵ月以下の懲役または5万円以下の罰金です。

――車両の一方通行の道路は、自転車も対象だったんですね。

そうなんです。ただ、「自転車を除く」とか「軽車両を除く」[*2]って書いてあるところもありますよね。その場合は大丈夫です。

――なるほど。自転車は「軽車両」というカテゴリーに含まれると。

そう。道路交通法上の「車両」のうちの「軽車両」。

自転車であまり守られていないルールもあります。例えば、夜間の無灯火がダメだとか、左側通行しなさいだとか、2台以上で並走したらダメだとか。あと、基本的には歩道を走ってはいけないとされる点だとか。

福岡は運転が荒いから、車道を走るのが怖いというのもあって、ついつい歩道を走ってしまうじゃないですか。私も自転車は歩道を走るものだと思ってましたが、法律上は「車両」だから基本的には車道を走りなさいとされています。ただし、13歳未満の子どもと70歳以上の高齢者、体の不自由な方、交通状況からやむを得ないといった例外の場合には歩道を走ってよいということになっています。

――それで自転車が車道に溢れる状況を改善するために自転車専用レーンが増えてきているんでしょうね。歩行者との接触を避けるというのもあると思いますけど。

自転車専用レーン、良い面もありますけど、逆にビュンビュン飛ばすので、あれを横切るのが怖いですよね。交差点にも突っ込んでくるので、車に乗っている時も注意が必要ですし。

――お互いの気遣いがないといかんなぁと。

そうですね。昔みたいに「止まるかなぁ」と思って目配せしても、まったく止まらないで来ますからね。やっぱり慎重に慎重を重ねた運転が必要です。

――他にもよく見かける違反で、傘を差したままで運転する人も多いですね。

傘差し運転もですが、自転車での犬の散歩も危ないですね。ながらスマホだってそうだし、イヤホン・ヘッドホンで音楽などを聴きながらの運転も同様です。これらは道交法や条例違反で罰せられる可能性が十分にあります。

――イヤホン・ヘッドホンは、やっぱり音が聞こえなくなるから危険ということですか。

そうですね。これは条例で規制されているところもあって、その地域によって差があるようなんですけど、片耳だったらいいとか、両耳はもちろん片耳でもダメとか色々みたいです。いずれにしても、きちんと集中できないような状況で運転するのは危ないですよね。

――せっかちな博多人らしく、やたらとベルを鳴らしている人もたまに見かけます。

あるある！　あれにも実は罰則があって、２万円以下の罰金です。意外と捕まるとイタいかもしれません。

――なるほど。ベルを鳴らさなくていいような運転をしてください、ということですね。最近は車道をスポーツ系の自転車がビュンビュン走っている風景も目にしますが、ブームだとはいっても、ちゃんと節度を持って走ることが大切ですね。

他にも、小学校の自転車教室などで昔は教えられていたのが手信号。止まる時は片手を斜め下に出すとか、私も練習した覚えがあるんですけど、実際にしている人を見たことがないし、今は講習もされてないみたいですね。

一応、道交法では、右左折や停止、進路変更などの際は自転車も合図が必要ということになっています。これをしなかったら5万円以下の罰金という制度自体はあるんだけど、捕まったという話は聞いたことがありませんねぇ。

――捕まったら逆に「なんで?」ってびっくりしますよね(笑)。ところで、先生も自転車の世界に足を踏み入れられたとか。この自転車ブームに乗ってみた、という感じですか?

いや、ブームに乗ったんじゃないんですよ。10年くらい前に、突如思い立ってスポーツ自転車を買ったんです。カタログを見ながら決めて、到着するまで心待ちにして。でも手に入れて乗ってみたら、思ったほど乗りこなせなくて。そうこうしているうちに自転車ブームが来て、みんながスポーツ自転車に乗るようになった。そうすると、あまのじゃくな私は乗る気がしなくなっちゃったんです。

――いかにも博多っぽい感じですね（笑）。先取りしたはずだったけど、みんながやり始めたら冷めるという。

そうなんですよ。すっかり波にのみ込まれて、何も自分のものにならないまま終わってしまっているという状況になってトホホです。そろそろブームも下火になってきたから、また乗ろうかな（笑）。

【結論】自転車も「車両」です。ルールを守って運転しましょう。

［＊脚注］

1　ながらスマホによる事故

２０１７年12月、神奈川県川崎市で起きた事故。当時20歳の女子大学生が、右手に飲み物、左手にスマートフォンを持ち、片耳にイヤホンをはめた状態で自転車を運転、スマートフォンの操作中に77歳の女性に衝突し、女性は２日後に死亡した。女子大学生には禁固２年、執行猶予４年の刑が言い渡された。

2　軽車両

道路交通法における「軽車両」は、自転車やリヤカー、馬車など、人や動物の力で動く車、もしくは他の車両に牽引される車を主に意味する。車いすやベビーカーはこれに含まれない。ちなみに牛馬も軽車両。

裁判所

9 裁判所がお引っ越し。それで裁判は変わるとかいな？

――以前は福岡城址にあった裁判所が、最近引っ越ししたそうですね。

はい。2018年8月に、六本松に移転しました。

――六本松の方は開発がだいぶ進んでいますね。福岡城址の所も舞鶴公園の中に組み込まれて、「セントラルパーク構想」があるということなんですが、そもそも裁判所とひと口に言ってもいろいろな施設や機能がくっついているような気がするんです。裁判所ってどんな風に成り立っているんでしょうか。

まず、裁判所で行われる裁判には、その内容によって大きく3種類あります。例えば、お金を貸したとか借りたとかいうことにまつわるトラブルなどを扱うのが「民事事件」。犯罪などで捕まって懲役とか禁固とか死刑とかいう刑を科すかを決めるのが「刑事事件」。そして、離婚とか相続とかを取り扱うのが「家事事件」です。

――その裁判はそれぞれ別の裁判所で行われるんですか？

必ずしもそうではなくて、少し複雑なので、どんな裁判所があるかから説明しますね。日本の裁判所には、最高裁判所[*1]と高等裁判所と下級裁判所の大きく三つの種類の裁判所があります。下級裁判所の上が高等裁判所その上が最高裁判所になります。
そして、下級裁判所には、取り扱う事件に応じてこれも3種類あって、家庭裁判所、地方裁判所、簡易裁判所の三つです。
家庭裁判所では、先ほど説明した家事事件と少年事件（少年の刑事事件）を取り扱いますし、簡易裁判所は比較的少額の民事裁判と軽微な犯罪についての刑事裁判を取り扱います。それ以外が地方裁判所という感じです。地方裁判所では簡易裁判所が扱わない民事事件と刑事事件を主に扱います。

――何かややこしいですね。

そうですね（笑）。

移転前の福岡の裁判所で説明すると、大手門にあった家庭裁判所では、家事事件と少年事件を取り扱っていました。

お堀の中にあった裁判所は、実は、簡易裁判所と地方裁判所と高等裁判所が一緒に入っている建物だったんです。1階が簡易裁判所、2階から4階が地方裁判所、5階が高等裁判所でした。簡易裁判所では、軽微な民事と刑事事件が扱われていて、地方裁判所ではそれ以外の事件が扱われていました。

――高等裁判所は？

高等裁判所は基本的には、下級裁判所の判断に対して不服が申し立てられた時に、それを審理する裁判所です。

日本は三審制を取っていて、当事者が希望する場合、裁判所の判断を3回受けることができるようになっているんです。下級裁判所の判断が不服の時、高等裁判所にもう一回審理してもらって、その判決に不服の時は最高裁にもう一回審理してもらうという形です。

家庭裁判所の審判や、地方裁判所の判決に不服があれば高等裁判所に不服を申し立てて、もう一度審理してもらう訳です。ただ、簡易裁判所の民事だけは、地方裁判所に控訴することになってますけどね。

ちなみに、高等裁判所は全国に8ヵ所あって、その一つが福岡高等裁判所なんです。最高裁判所は一つだけで東京にあります。

——福岡では、その高等裁判所と地方裁判所と簡易裁判所が全部一緒の建物にあった訳ですね。六本松に移転したのは、そこにあった高等裁判所、地方裁判所、簡易裁判所と、大手門にあった家庭裁判所もですか？

家庭裁判所もです。今回、一緒に同じ場所に引っ越したんです。

家庭裁判所で取り扱うのは、離婚とか相続とか子どもの話といった問題なので、お金のトラブルなどとは異なり、プライベートなことが多く関わってくるんです。だから特別な取り扱いをしましょう、ということで家庭裁判所というのを別の場所に作ろうという構想が昔あって、その流れで福岡でも家庭裁判所だけは別の建物になっていたんです。でも、時代の流れもあるし、合理的に一緒にしてしまおうという考え方になってきたようで、東京も家裁まで含めて全部同じ建物に入っているんですけど、今回、福岡の裁判所も全部まとめて、ということになったようです。

——裁判所以外にも、法曹関連が入るという話を聞きました。

一緒の建物に入る訳ではないのですが、検察庁も六本松に移ることになっていて、弁護士会も移ります。

――皆さんまとめて六本松に引っ越しされるんですね。でも、検察庁と弁護士会が一緒の場所にあるというのも、なんか微妙というか……。

そうですね。でもまぁ、裁判所に近いほうがどちらも便利ですから（笑）。必然的にそうなります。

――裁判所が六本松に移って、何か影響のようなものは考えられますか？

ただでさえ交通量が多い上、再開発で人も爆発的に増えているのに、さらに増えて大丈夫かなぁという気はしないでもないです。利用する立場からすると、心配もあります。裁判所に出入りしているような場面を、普通は見られたくはないですよね。依頼者の中には裁判をしている事を知られたくないという人も多いです。だから、こんなに人の往来が多いところはどうかなぁと思います。

――そうですよね。そういえば、以前の裁判所は福岡城址の中にあるということもあって、あまり外からは見えない環境でしたね。

そうなんです。裁判って、基本的には公開されているものなので、裁判所の中に入って裁判を見ることは誰でもできるんです。でも、やってることはめちゃくちゃプライベートな話なんですよ。名前を出して、こんなトラブルがありますって話をして、嫌なことも聞かれて、答えて、相当ディープです。だから、人がワイワイいて、気軽に入って来るようなところに裁判所があると当事者も証人もやりにくいのではないかなぁ。弁護士にもやっぱり影響はなくはないと思います（笑）。

それと、裁判所って、全国的にも城跡とかその近くにあるところが結構多いんです。やっぱり昔は奉行所とかで裁きをしていた訳じゃないですか。お白洲みたいな。私はそれがいいなと思っていたんですよね。福岡の裁判所もそうですけど、裁判に向かう人はお堀の坂を上って行って、今から裁きを受ける、といった厳かな気持ちになるでしょうし、私たち弁護士にとっても身が引き締まるような思いがありました。

——一種の聖域みたいな。

そうですね。雰囲気って、大事なことなんじゃないかなと思うんですよ。真実を明らかにするところだから、やっぱり神聖な場でないといけないというか。

——なるほど。便利になって良かったって、単純な話じゃないんですね。

そうですね。やっぱり、傍聴人がたくさんいる中で、依頼者のデリケートな問題の尋問とかやりにくいですよ。

それと、ああいう重厚で、威厳のある裁判所の雰囲気は、やっぱり裁判をする側にも受ける側にも大切だったんじゃないかな。良い影響を与えていたと思うからですね。

そういった面も含めて、今後どうなるのか見守っていきたいと思っています。

【結論】家庭裁判所も他の裁判所と一緒の建物になりました。裁判が変わるかは、これから次第でしょう。

［＊脚注］

1　**高等裁判所**

福岡以外には、札幌、仙台、東京、名古屋、大阪、広島、高松に設置されている。福岡高等裁判所では、九州・沖縄の8県に所在する裁判所を管轄している。

飲酒運転

⑩ 飲酒運転ばしたら、どげんな罪になる？

——次のテーマは「飲酒運転」です。２００６年に起きた、あの痛ましい事故[*1]が思い起こされます。今でこそ飲酒運転は厳しく取り締まられていて、同時に社会的な啓発というのも進んではいるんですけど、昔はお酒を飲んで運転することに対する罪悪感が希薄でしたよね。

そう、昔は緩かったですね。結婚式とかでも乾杯くらいはＯＫとか、３杯まではいいとか、そんな感じで飲んでましたよね。

——「自分は大丈夫」っていう人が多くて。

「俺は酔わんけん」とか言ってた人、いましたよね。

やっぱりあの小さいお子さん3人が亡くなった事故は本当に心痛む事件で、あれ以降世間の雰囲気はガラッと変わった気がします。でも、やっぱり今でも飲酒運転は後を絶たず、相変わらず捕まっているじゃないですか。決してゼロにはなっていない。

――近年の統計を見ると、飲酒運転による死亡事故では、運転者の9割以上が男性、年齢層では40代と60代が最も多い、となっています。どちらかというと飲酒運転は、昔の空気の中で育った人の方が多い傾向にあるのかなと。

ああ、そうかもしれないですね。

――そういう面も、やっぱりその危険運転致死という罪が新しく設けられたこととも関係があるのかも、と思えたりもするんですが。

昔はですね、自動車事故は刑法の業務上過失致死傷罪で裁かれていたんです。そうすると法定刑が今よりすごく軽くて、上限が懲役5年だったんですよね。だから何人の人が犠牲になっても、どんなに酷いケースでも「過失」である以上は重い刑にならなかった。さんざん飲んでベロベロになって運転した挙句に死亡事故を起こしても業務上過失致死。

あくまで過失犯なので、同じように人が亡くなった故意の殺人等よりは一段犯罪性が低いというふうに考えられるんです。

でも本当は、浴びるように酒を飲んで乗っていること自体が危ない。結果の重大さと比べてあまりにもバランスが悪い、5年以下の懲役って窃盗罪より軽いですからね。ということで、危険運転致死傷罪[*2]というのができました。

――危険運転致死傷罪ができたのは、この福岡の事故後ですか？

いいえ。それ以前から、ありました。

東名高速飲酒運転事故[*3]で幼い2人の娘さんを失ったご両親等の署名などがあって、2001

年に成立しています。これによって、危険運転といえれば法定の上限が致傷で10年、致死で15年になりました。

ただ、危険運転の範囲も狭く、これにあたらなければそれまでどおり業務上過失致死傷罪でした。

これが、福岡の事故の後、自動車運転致死傷罪が新設されて、危険運転に当たらなくても車の運転による事故には、7年以下の懲役が科されることになりました。法定刑が、5年以下から7年以下に引き下げられた訳です（後に「過失運転致死傷罪」に変更）。

——交通事故全般について厳罰化が図られたのですね。

そうです。

——でも、福岡の事故なんて、お酒を飲んだ上に酩酊状態で暴走運転をして追突して被害者の方が死亡しているし、加害者は事故を起こした後に逃げて水を大量に飲み、飲酒を隠蔽しようとしたと言われてますよね。そもそも、こんな事故を起こして、その場から逃げようとしたこと自体、許せないですけど。

そうですよね。事故現場から逃げたら、通常の事故の場合、過失運転致死傷罪の他にも救護義務違反の責任を問われます。法定刑も10年以下の懲役または１００万円以下の罰金とされていて、結構重い罪です。二つの罪を犯しているので、併合罪として1・5倍の刑になります。この場合でいえば、逃げなければ過失運転致死傷罪で懲役7年以下だったのが、逃げると救護義務違反の罪もついてしまい、10年以下の懲役しかも併合罪で最高懲役15年の可能性がある訳です。

救護せずに逃げるのはそれだけでかなり罪が重くなります。

——福岡の事故は、罪を軽くするために水を大量に飲んで、飲酒量が少しだと言い張ろうとしたようですが、この行為も、罪になりますか？

当時は、この行為自体を処罰する法律はなかったんですよ。だから、飲酒の影響をごまかすためにそんなことをしたというのは、刑の重さを決める情状として考慮するしかなかった。

今は、「過失運転致死傷アルコール等影響発覚免脱罪」(懲役12年以下)ができたので(2013年)、アルコールの影響があったことを隠そうとした場合もその行為自体が犯罪になります。水を大量に飲んだ場合、その量や、それにかけた時間にもよると思いますが、影響が出る程飲めば成立する可能性はあるでしょう。また、水は飲まなくても逃げて時間稼ぎをした場合などもこれに当たります。

でも、この免脱罪ができる以前は、逃げてしまってアルコールが抜けてから出頭した場合とか、事故直後にアルコールを飲んだが事故当時は飲んでいなかったと言いはった場合などは、危険運転は立証できませんでした。結局、自動車運転過失致死傷罪(7年以下の懲役)と救護義務違反(10年以下の懲役)だけで処罰するしかなく、併合罪加重をしても最長懲役15年です。危険運転致死傷罪よりも最高刑が軽かったんです。

――逃げ得になるのは許せませんね。

ですよね。

法律で裁く以上は、立証は不可欠ですが、逃げ得にだけはさせたくないですよね。

免脱罪も結局は免脱行為を立証しなければならないため、これまた立証が難しいのではないかと心配です。

――裁判って難しいんですね。でも、飲酒運転は本当になくなってほしい。

そうですね。飲酒運転による痛ましい事故がなくなるように、そういうことをした人は適切に処罰されないとですね。

危険運転致死傷罪も適用が難しい場面もまだまだあるんですが、うまく証拠を隠した人が逃れられるというような状況であってはいけないし、法律の不備で笑う人、泣く人が出るのはよくないから、法律と捜査機関と裁判のあらゆる場面で必要な改善を行って、適切に処罰ができるよう、皆が力を合わせる必要があると思います。

【結論】５年以下の懲役又は１００万円以下の罰金になる。人身事故になれば、自動車運転致死傷罪や危険運転致死傷罪の罪に問われます。

［＊脚注］

１　**海の中道大橋飲酒運転事故**

２００６年8月25日、東区の海の中道大橋で発生した事故。福岡市職員の22歳の男（当時）が大量に飲酒した上で車を運転し、海の中道大橋で乗用車に追突。被害者の車は大橋から転落し、乗っていた子ども3人が死亡した。加害者の男には、危険運転致死傷罪が適用され懲役20年の刑が言い渡された。

２　**危険運転致死傷罪**

危険運転致死傷罪は一定の危険な状態で自動車を走行・運転し人を死傷させる罪。２００1年、刑法改正により刑法２０８条2に規定された。法定刑は致傷10年以下の懲役、致死1年以上（15年以下）の懲役。その後法改正により致傷15年以下の懲役、致死1年以上（20年以下）の懲役となる。２００7年、自動車運転過失致死傷罪（刑法２１１条の2）新設。

２０１３年、自動車の運転により人を死傷させる行為等の処罰に関する法律により、独立して規定されるようになった（法定刑：類型により懲役（長期）７年から20年）。

３　東名高速飲酒運転事故

１９９９（平成11）年11月28日に東名高速道路で発生した追突事故。

追突したトラックの運転手は飲酒運転の常習者で当日も多量の飲酒をしていたとされる。追突された自動車には家族４人が乗っており、そのうち３歳と１歳の幼い姉妹が焼死した。一方、トラックの運転手は業務上過失致死傷罪などの罪に問われ、懲役４年の判決が確定した。その後、姉妹の両親は、他の飲酒運転死亡事故の被害者が始めた法改正の署名運動に加わり、最高刑を懲役15年とする危険運転致死傷罪の新設（２００１年）を実現した。

渡辺通り

11

姉ちゃんに相続させた父ちゃんの土地、やっぱりそっちがほしか！

――天神のメインストリートといえば「渡辺通り」。この名前はすごく親しまれていて、普通に使われていますが、全国的にみると、人名がそのまま通りの名前になるっていうのは珍しいみたいですね。

私たちは生まれた時からこの名前だから「渡辺通り」で違和感は全くありませんけど……。渡辺与八郎[*1]さんの「渡辺」通りですよね。

――そうです。その渡辺通りのある天神界隈は、今でこそ九州随一の繁華街ですが、ちょっと上の世代の人からは「あそこはド田舎やったもんね」とよく言われます。

「西鉄電車が田んぼの中走っとった」とか、「あんなところに駅作ってから」みたいな話で（笑）。

――私たちからすると、全然イメージが湧かないんですけど、田んぼの中に鉄道をひいて街の開発を進めたのが渡辺与八郎さんという人物だと。他にも福岡の発展に多大な貢献をされたので、その功績を称えるために道路の名前を「渡辺通り」にさせてくださいと皆から頼まれたんですが、本人はそれを固辞したらしいんです。でも亡くなられた後に、どうしてもその名前を残したいという人々の意志で「渡辺通り」という名前になったということです。

すごい人物ですよね。私財を投じていろんな土地を買ったり寄付したりして、電車まで通して、今の福岡の発展につながる土台を作っている。

――その発展のおかげで、かつては田んぼだらけだった土地が、今では一等地。不動産価値も当時からすると何十倍にも膨れ上がっていると思うんです。そんな風に時代と共に変化する不動産ですが、相続で揉める原因になるイメージも強いです。

仕事柄、相続の事件はよく扱うんですけど、とにかくお金があってもなくても揉める。逆に、揉めない人というのは遺産が多くても少なくても揉めないんでしょうけど。

――相続で揉めるパターンというのがいくつかあると思うんですが、どういうものが挙げられますか？

まずは、元々相続人どうしの仲が悪いケース。これは大抵揉めます。他にも、亡くなられた方が再婚されている場合だと、前妻さんのお子さんと、後妻さんとが法定相続人になるので、そこに感情的な対立があるとか、疎遠になっていてきちんと話し合いができない、といったことがあって揉めますね。

また、子どものいない夫婦の場合には、ご両親が亡くなっていれば配偶者と、亡くなった方の兄弟が法定相続人になるんです。配偶者は奥さんが残される場合が多いんですけど、奥さんからしたらご主人のお兄さんとか妹さんとかと遺産を分けることになるので、釈然としない思いになったりすることもあります。二人で築いた財産なのに何で義兄に？みたいな感じです。

あとは、遺産が不動産しかないという場合、お父さんが亡くなって、自宅の家と土地だけが残され、そこにはお母さんが住んでいて、子どもたちは独立している、といったケースですが、不動産って分けられないじゃないですか。だからお母さんは、自宅を売るか、お金を工面するしかなくて、これで揉めることがありますね。

——遺産としての不動産は扱いが難しいようですね。

渡辺通りみたいに、大きく価値が上がるときがありますよね。たとえば亡くなられる10年前に、長女にこの土地と家はあげて、預貯金はお前にあげよう、みたいなことをお父さんが言っていたとして、10年経っていざ相続という時に、家や土地の価値が凄く上がっているというようなことはありえる訳ですよね。

もちろんありえます。生前から相続の準備をするということは非常に大切で、話し合った結果をふまえた遺言書を作ればそれで皆納得するでしょう。ただ、今のケースみたいに、遺言書を作った後に不動産の価値が高騰して、預貯金とのバランスが悪くなったとか、亡くなる前に不動産を売ってしまったとかいう事になると、平等じゃなくなります。それは揉める原因になるので、また皆で話し合って、遺言書を書き直すという作業が必要になると思います。

遺言は何回でも書き直せるし、新しいものが有効なので、遺産の価値が変わった場合とか、何かを処分した場合だとか、他にも「あの子があげんこと（不義理）したけん、やっぱり、あれはやらんどこ……」みたいなケースとか（笑）、状況や意思が変わった場合には書き直して、今に合ったような形にするのがおすすめです。

また遺言は、原則遺言する人が思う通りの内容で作成して良いのですが、「遺留分」という最低限その人に確保されている取り分が法律上決まっているんです。これは法定相続分のおおむね2分の1で、たとえば「遺産は全部長男へ」みたいな遺言書を残しても、長女の方は遺留分権というのを行使して、いくらか取り戻すことができます。だから「全部長男」みたいな遺言書を残すと揉めごとの原因になるので、親としては、遺留分に配慮した遺言書を作るのが、子どもたちを揉めさせないためのひと工夫という事になります。

――では、お父さんの生前、みんなで話し合って、長女が土地、長男が預金を相続するということになって、そういう遺言書を書いてもらっていたけど、実際にお父さんが亡くなった時に土地が高騰していた場合、弟は「やっぱり俺、姉ちゃんが相続する土地が欲しか」って言ってもダメなんですか？

そうですね。基本は遺言書どおりなんですけど、弟がそう言いだして、お姉さんが「なら、私が預金ばもらうけん、あんた（弟）は土地ばもらえばいいやん」って了解してくれれば、遺言書どおりじゃなくってもいいんです。相続人で自由に話し合って分けることはできます。

——遺言書がなければ、話し合って何を誰が相続するか決めるんですよね。その時、例えば、お姉さんが「この土地は大して価値がない土地やけん、私がこれをもらうけん、あんた（弟）に預金はやるよ」って言われてそのとおり分けたけど、実は結構土地に価値があったことが分かったら、弟は「やっぱり姉ちゃんがもらった土地が欲しか」って言えるんでしょうか？

何か、設定が妙にリアルで他人事に思えないんですけど（笑）。

それはともかく、一旦、合意した場合は、難しいでしょうね。たとえ弟さんがお姉さんが「大して価値がない土地」と言ったことを信用したといったって、それはきちんと合意する前に弟さんがどれくらいの価値の物かを自分で確認しておくべきで、後で蒸し返すことは基本的にできません。

ただ、例えば、「この土地はかくかくしかじかのいわくつきの土地で、売れないような土地だ」とか、お姉さんが積極的に嘘を言って弟をだまして遺産分割協議をした場合なんかは、場合によっては、詐欺や錯誤として協議のやり直しができることがあるかもしれません。かなりレアケースと思いますが。

——そうなんですね。遺産の分割協議は、よく考えて、よく調べてしないといけないんですね。

そうですね。

遺言する側にも気を付けてほしいことがあります。

私が相続をお手伝いする際に、いつも思うのですが、親族間で揉めると、その後の関係が確実に断絶してしまうんですね。親族をなくしてしまうことになる。すごく切ないことだと思います。

そうさせないためにも、親、又は、配偶者は、残された人が相続で揉めないように遺言書を含めてきちんと考えてあげる必要があると思うんです。その責任があるし、それが残してあげられる大切な財産なんじゃないかと。

——しかも、相続法の改正が行われるということで、考えるべきことが変わってきたりしているんですよね？

そうなんです。今まで相続関係の法律は何十年も改正されていなかったんですが、さすがに時代に合っていないし、遺産分割の中でも不都合なことがたくさん出てきていたんです。なので、２０１９年の７月からを中心に、いくつか改正されます。

たとえば、揉めるパターンとして挙げた「遺産が不動産しかない」というケースですが、今までは残された奥さんが不動産を売って、自宅を手放すしかない、ということがあったんです。

それが不都合だということで、配偶者の居住権を認めていこうということになりました。

あとは、生前に子どもへ土地をあげるとか、生活資金を援助するとかいうことがありますが、今まではそういったものも「相続を前取りした」というかたちで計算されていたんです。その対象を全てではなく一定分に限定した、という改正もあります。また、「相続人以外の寄与分」といって、たとえばご長男の奥さんが、お父さんの介護をずっとされたような場合、その貢献に対するお金も一定の場合請求できるようになります。他にもいくつか、今までの制度では不都合があった点が改正されています。

――時代に合わせて、随分と変わる訳ですね。この機会に皆さんも1回は相続について考えた方がいいんじゃないかと。

相続を「あらそうぞく」にしないようにですね（笑）。気軽に弁護士など専門家を頼っていただければと思います。

【結論】特別の事情がない限り変更できない。十分考えて相続しましょう。

［＊脚注］

1　**渡辺 与八郎**

九州一といわれた博多の呉服商「紙与」の三代目。福博における多くの会社設立に寄与し、自費による埋め立て事業や、九州大学の誘致に多額の資金を拠出するなど公共事業にも尽力。天神が九州の中心となることを予見し、天神・博多駅・築港を結ぶ「博多電気軌道」を立ち上げた。素朴で謙虚な人柄が愛されたが、博多電気軌道の開通直後に病死。享年46。

屋　台

⑫

俺も屋台やりたいっちゃけど、どげんしたらいい？

——福岡の街の風景で、欠かせないものの一つが「屋台」。天神や中洲、長浜などを中心に道路の上で商売をしていて数も多い、そういう風景が見られるのって全国でも福岡だけらしいんです。

そうですね。確かに他では見られないですよね。

——その屋台なんですが、たとえば「俺もやりたいから、ちょっと店を出してみようかな」みたいな感じで勝手に始めたら、やっぱり咎められるんでしょうか。

屋台をするには許可が必要で、ゴロゴロ引っ張ってきて好き勝手にできるという訳じゃありません。許可もいくつか取らなくてはいけません。その一つ目が営業許可、食品衛生法に基づく許可ですね。それと道路の占用許可を福岡市から取る必要があります。さらに道路交通法に基づく道路の使用許可というのを福岡県警の方からもらう必要があります。これらが揃わないと、屋台って営業できないんですよ。

——三つも許可を取らないといけないんですね。その、道路を使うための福岡市から取る占用許可と、県警から取る使用許可って、何か違いがあるんですか?

どちらも「道路を使わせて」という話なんですけど、たとえば工事現場でいうなら、普通に工事車両とかを持ってきて道路で使うという場合は使用許可だけでいいんです。でも、足場のような仮設物を置いて、継続して空間を独占するという状況になると占用許可も必要になるんです。

屋台の場合は、そこに置いて何時間か使っていくので、使用許可だけじゃなくて占用許可も必要、ということになります。

――なるほど。福岡の観光の目玉として観光客で賑わっている屋台ですが、一時は消滅の危機とか言われていましたよね。

そうなんです。平成6年に県警が、さっきお話しした道路の使用許可を一代限りしか認めんし、新しい人にも出さん、という方針を打ち出したんです。つまり譲渡も代替わりも基本的に認めないということで、その流れからどんどん屋台が減っていったという時期がありました。

――警察がそういったことを言い始めたのも、やはり近隣の苦情とか、交通上の安全とかが問題になっていたんでしょうか?

きっかけは、自動販売機の道路はみ出しを警察が取り締まった際に、「屋台はどうなんだ?」という意見が出たことだったらしいです。そして、調査を進めると屋台の抱えている問題が浮き彫りになってきたんですね。市民に親しまれている一方、交通の問題とか、匂いや汚水のことだとか、酔っ払いが騒ぐとか、他にも行儀の悪い人がビルの陰で用を足してしまうとかいう問題があって、やっぱり近くに住んでいる人などからは不評だったし、「なんであの人たちだけ家賃も払わんで安い値段であんなとこで商売ができるとよ？」というような意見もあって、規制する方向に話が進んでいったみたいですね。

――なるほど。そして、厳しいルールが定められたと。

屋台のあり方をきちんとルール化しようということで、平成12年に福岡市の屋台指導要綱[*1]が出されて、基本は一代限りという形になって、どんどん減っていったようです。

――その結果、本当に消滅の危機までいったけれど、街中の屋台という文化は全国どこにもないものですし、この屋台を目当てに来る観光客もいるので、無くしてしまうのはいかがなものか……みたいなところから、市の観光資源として屋台復活への道がまた開いてくると。

やっぱり減ってきたらみんなも危機感を感じたのかもしれませんね。これをきちんと観光資源として活かしていこう、という方向になったみたいです。

——とはいえ、あちこちで屋台が増えても良くないということで、元々問題になっていた点をきちんとクリアできるんだったら屋台出していいよ、というようなきまりを整備していったと。これは条例ですか？

最終的には福岡市の条例ができて、公募制を導入しています。道徳的なルールはもちろん必要ですが、今までの一代限りルールも続けていったら減っていくばかりですよね。じゃあどういう風に増やしていくかという点を検討して、やっぱりフェアに公募にしようということになって、公募制が始まったんです。現在は、今までの権利を持っている人と、新しく公募で開店した人と、両方ともいる状態ですね。

——それはいつから始まったんですか？

平成28年に第1回目の公募が行われています。第2回目の公募は平成31年の1月末までが応募期間で、5月中旬に屋台営業候補者の決定が通知され、8月から10月の間に許可が出されるようです。

――この公募制に至るまで、色々あったかもしれないですが、やっぱり街と屋台とが共存できるのが一番だとは思います。

平成6年といえば私も大人になっていた頃で、屋台にも行ったことがあったから、屋台危機の話もリアルタイムだったんですよ。屋台側の反発だとか、街の人の声だとか。で、結局それが押し切られて、屋台が次第に減っていくのを実感したし、やっぱりやり直そうという話になって盛り上がったところだとか、ほうぼうでゴタゴタしたことだとか、そういう流れを見ていました。みんないい方向にしようと思いながら、いろんな意見を戦わせて、福岡という街を作ろうとしているんだなあというのはすごく感じましたね。

——今後も、うまく共存できればいいなと思います。ところで、福岡の人って、これだけ「屋台、屋台」と言っている割に、意外と屋台に行ってない人が多いような……。

そうかもしれませんね（笑）。でも、遠方から友達が来た時とかには行きますよ。だって、喜ばれるからですね。

——夏は暑いし冬は寒い。でもやっぱり福岡ならではの人情みたいなものが屋台にはありますよね。

それはあると思います。屋台の人との距離も近いし、客同士の距離も近い。ほとんどくっついて飲み食いすることになるので、「飲まんね」みたいなことになるのも多いし、じゃあ大将もどうぞ、とかいう流れになることも多い。福岡の雰囲気を味わいたいのであれば、屋台はおすすめだと思います。

——そうですね。屋台に入って飲んでると、誰かしらおっちゃんが声かけてきますもんね。で、店主もどこに座らせようとか、誰と誰の話をつなげようとか、結構気を遣っているらしいんですよね。

そういった気遣いが上手い屋台が、楽しい屋台なのかもしれないですね。今後も愛される象徴であってほしいと思います。

【結論】勝手にはできません。公募に申し込んで許可をとってから営業しましょう。

［＊脚注］

1　**屋台指導要綱**

平成12年に制定された屋台の営業に関するルール。屋台のあり方についてそれまで曖昧だった部分が明文化され、「原則一代限り」という警察の方針にも従った内容だった。その後、屋台の減少に伴って官民双方から屋台存続の声が高まり、指導と保護の両方の観点から、より拘束力の強い「福岡市屋台基本条例」が平成25年に施行された。

学生の街

⑬ 楽して金儲け！と思ったら取り返しのつかないことに!!

――福岡は、天神・博多の２エリアを中心として、他にもいくつかの街がちらばって、都市圏を成立させています。

そうですね。天神・博多エリア以外も、香椎や大橋・井尻、そして西新や百道、新しいところでは照葉もありますね。

――その中でもやっぱり、天神・博多駅に続いて思い浮かぶ街といえば、西新ですよね。天神から西へ地下鉄で４駅。学校も多く、修猷館高校や西南学院があり、学生の街ともいわれている地域です。ただ、最近ではこういった学生が多いところに、何やら良からぬ輩がいると聞きます。学生たちに甘い声で「ラクに稼げるよ」とか囁いて、違法なアルバイトに誘いかける人が増えているらしいんです。

そうなんです。詐欺グループが、社会経験が少ない人をターゲットに、あの手この手で騙そうと狙っています。学生だけでなく、主婦もターゲットにされ、よく騙されています。最近の事例では、「旅行に行くだけで飛行機代も宿代も出してくれるいいバイトがある」とか「物を受け取るだけでお金がもらえる」とか「お金を借りるだけでバイト代がもらえ、返済は向こうでしてくれる」とかいう「必ず儲かる副業がある」みたいな話です。私も消費者生活センター[*1]とかに法律相談担当として行っていましたが、しょっちゅうそんな相談があるんです。結論からいうと、そんなのは全部詐欺なので、乗ってはいけない。

――オイシイ話というものには何かあると。

大抵裏があります。もしかしたら100に一つくらいは本当の話があるのかもしれないですけど、残りの99は詐欺なので、危ないから近づかないこと。「君子危うきに近寄らず」です。特に学生さんには、リスクを冒してリターンを取るような社会経験がまだないので、絶対手を出しちゃいけません。

――楽して儲けようと思っちゃダメですよね。

そう。そもそも簡単に儲かるんだったら、絶対にその人やその会社がやるに決まっています。それをわざわざ他の人にやらせようというのは、やっぱり理由があるからなんです。

例えば、旅行に行くだけのバイトの場合とかは、「旅行」という形で募集はするんだけれど、帰りにこの荷物を持って帰って、みたいなことを依頼されたりするんです。もう現地に来ているので嫌だとは言えないから、仕方なく持って帰ると、そこに覚せい剤や禁止薬物が入っていたということがあります。いわゆる「運び屋」として利用しようとしている訳なんですよね。

そして、それが出国や入国の際見つかって「そんなの知りません」と慌てることになる。もちろん全く知らずに違法な物を持ってきている訳だから本来は罰せられないんだけど、その「知りませんでした」という言い訳が通るかというのが大問題なんです。

――「知らない」で済んだら税関はいらない……。

捕まった人はだいたい「知りませんでした」と言い張りますから。なので、いくら「こんなもの知らない」と言ってもすぐには信じてもらえません。結局、本当に知らなかったのかということを、本人の証言以外のことで検証していくことになります。

例えば、旅行として行ったのに観光を全くしていないとか、お土産を買っていないとか、どういう人から何を言われてこの旅行に行ったのかとか、そういう事情をいろいろ聞かれて、そういう状況なら、最初から運び屋をするって知ってたんじゃないのかと言われる可能性がある。

――悪事の手助けをする認識があったかどうかが疑われるんですね。

そうです。荷物の中身が覚せい剤だったということを知らなかったとしても、何か違法な物を運ぶ役割だということが分かっていれば、それは知っててやったことでしょうという話になってしまいます。

報酬があると更に難しい。「なんでタダで旅行に行った上に10万円ももらえるの？」って話ですよ。やっぱり何か運ばされるってことは分かってた筈でしょう、それが覚せい剤や違法な物ということも予想できたでしょう、という話になっていくんですよね。「本当に知らなかった」って主張すればいいやんって簡単に思うかもしれませんが、それを立証できるかどうかは分からないし、立証できて最終的に無罪になったとしても、逮捕されてしばらくの間は勾留されるんです。それで自分が被る社会的不利益を考えると、とても引き合うような話じゃない。

——確かに……。いくら学生でも、「まあいいか」では済まされないですね。

それも、日本だったらまだマシです。法律のシステムにのっとって、きちんとした裁判をそれなりに受けられるから。でもそれが外国だったら、どうなるか分かりません。捕まった国次第でどんな刑になるかは違いますし、日本ほど法システムが整っていないところならひどい処遇を受ける可能性もあります。

ちなみに、中国で覚せい剤の密輸で逮捕されたら死刑もあり得ますから。本当に、「旅行に行くだけのオイシイバイト」とかいう甘い言葉に騙されて行ってはいけません。それ以外にも、乗ってはいけない話がいくらでもあります。例えば、お金を借りるバイトとか。これは本当に多くの福岡の学生も騙されたんです。

――具体的にどんな手口なんですか？

「返済はこっちがするから、消費者金融とかでお金を借りてきて」という訳ですよ、30万とか。そして、騙された学生は借りた30万をその人に渡すんです。それでバイト代をいくらかもらえます。そして、実際にその人も最初は返済はしてくれるんです。それで騙された学生は、本当に借りるだけでお金がもらえるオイシイ話だなって思わされる。「それじゃあもうひと口」といって他のところから借りてまたお金を全部渡し、バイト代をもらって、返済も話を持ちかけた人がしてくれる。これでやっぱりいい話だなと、どんどん信じてしまうんです。

そして、「他にもいい人がいたら紹介して」とか言われて、友達を紹介していって、しばらくの間はそれもきちんと返されているんだけど、ある日突然返済がされなくなって、全員がズラーッと騙されていたことを知る。もちろん消費者金融からの請求は、学生たちに来ます。これはもう、どうしようもない。金額によっては自己破産[*2]するしかありません。この事案は、ちゃんとした大学の、ちゃんとした学生たちがひっかかっていました。

他にも、「絶対に儲かる」という高額な競馬の的中ソフトを買わせる手口が流行ったこともあったし、「仕事を紹介する」といって、登録料とか研修料とかを何十万か払わせて、結局仕事は紹介されなかったという副業被害もありました。いろいろ形を変えながら、うまく騙してお金を巻き上げようという人たちが、学生の皆さんを狙っています。本当に気を付けてほしい。

——なるほど。学生の街というところは、そういう人たちからすると、それこそ騙し放題みたいなところだから。

若者がたくさんいると活気もあってすごくいいんですけど、一人暮らしの人も多いし、社会経験はないし、騙す側からすれば、チョロいカモたちの群れに見えるみたいですね。だから繰り返し言いますが、世の中にオイシイ話はありません。オイシイバイトもありません。コツコツと働いてコツコツ稼ぐ。これしかありません。

――ところで、先生も学生時代は西新ですごされたとか。

はい。大学が西新にある西南学院大学でした。あの頃は楽しかったですね〜。丁度バブルがはじける直前で、景気もよく世の中は元気だったし、よかトピアっていうアジア太平洋博覧会が、西南のすぐ近くのももち浜で開催されていたこともあって、特に西新はすごく賑わっていました。福岡タワーもその時に作られたんですよ。

――へぇ。そうなんですね。西新での思い出とかありますか?

授業の合間に友達とストロベリーフィールズっていうケーキがおいしい喫茶店に行ったり、しばらくっていう豚骨のにおいがすごいラーメン屋さんがあるんですけど、好きでよく行ってました。あと、JAJAっていうライブハウスや、トポスっていう当時の安売り量販店の走りにも行ってましたね。飲み会はもちろんいっつも西新。学生時代の思い出が詰まっています。

――先生は騙されたことは?


それはなかったかな。

ただ、やっぱり学生は騙されやすいし、消費者教育は大事なので、私も母校の西南学院大学で毎年講義をしていた時は、この消費者問題についての講義をしていました。

先ほどお話した詐欺の話以外も、キャッチセールスとか、マルチ商法とか、注意しておいて欲しいものがたくさんあるし、クーリングオフとか知っておいて欲しい制度があるので。

とにかく、何かあったら、消費者生活センターでも弁護士でも友達でも、まず相談する事。それが大事です。

【結論】「ラクして儲かる」「絶対儲かる」話はありません。コツコツ働いて稼ぐべし。

1　消費者生活センター

消費者安全法に基づき、都道府県や市町村に設置された、事業者に対する消費者の苦情に係る相談等の事務を行う施設等。福岡市内には福岡県消費者生活センター（吉塚合同庁舎内）と福岡市消費者生活センター（アイレフ内）がある。資格を持った消費生活相談員による相談の他、弁護士による法律相談も実施している。

2　自己破産

債務者自らが、経済的に破綻して、債権者に対し債務を弁済することができない状態（支払不能）であることを裁判所に申し出る手続き。免責許可決定を得られれば、非免責債権（税金や養育費等）を除き債務の支払いを免れる。

コラム❷

地元の会社のために

商売人の娘に生まれ、必死で働いてきた両親をみながら育ちました。周りの同級生達も同じような家庭に育っていました。

そういう私が弁護士になって、悲しかったのは倒産事件を扱った時でした。裁判所も弁護士も淡々とズカズカと容赦なく会社を解体していきます。

私は思い入れが強すぎるのか、会社を残す方法はなかったか、処分するにしても他の方法はないかと、考え込んでしまいました。

みんなが大切に守ってきた会社、最後の場面でもそういう目で見守りたい、私はそう思っています。

また、うちの実家をはじめ博多の町の多くの会社は、これまで弁護士なんて全く縁がありませんでした。それでも何とかなっていた訳ですが、今は昔と違って、大企業ではなくても、コンプライアンスが求められ、労働関係をはじめ契約関係に法的なアドバイスが必要な場面が増えています。

私はできればそんな会社が、安心して経営できるお手伝いをしたい、できるだけ同じ目線で一緒に考えていきたいと思っています。

商売人の娘が弁護士になったことを生かして、私を育ててくれた地元の会社のために役に立つ弁護士になることが、私の目指すところです。

福岡・博多の［行事編］

福岡国際マラソン

1

交通規制で飛行機に乗れんかった！責任取って！

——福岡では師走の風物詩になっている「福岡国際マラソン」。[*1] 福岡マラソンが始まる前から[*2]この福岡国際マラソンが伝統的イベントとしてあるんですけど、沿道の人の応援もすごいですよね。

この大会、何回かコースが変わってるんですけど、私の育った博多の街に千鳥橋から入ってきて、長浜通りを通って平和台に向かうという終盤のコースは変わってなくて、その区間でうちのすぐ近くを通るんですよ。中継で千鳥橋が出たあたりから「もうすぐ来るよ！」って言って家を駆け出て、長浜通りに出ると、ちょうどトップを走る人が見えるぐらいの距離でした。

――ご実家は商売をされていたんでしたね。

乾物屋をしていました。福岡国際マラソンは12月頭のお歳暮の時期なので、お歳暮の商品を作る手伝いをしながらマラソン中継を見て、「来たよー」ってなったら、加工場の人とみんなで走って見に行くというのが恒例行事でした。ちょうど瀬古[*3]選手とかが活躍していた時代です。

――この福岡国際マラソン、結構街中を走るので、町の中心部に交通規制がかかる大会なんですが、例えば交通規制のせいで、渋滞に巻き込まれて予定に遅れたとか、飛行機に乗れなかったという理由で、「訴えてやる！」って、できるんでしょうか。

そうですね。ありそうな話ですよね。

私も、前回応援に出たのはいいけれど、陽のあたる道路の向こう側に行きたくても行けなくて、結局1時間近く日陰の歩道で震えながら応援していました（涙）。

私みたいに、寒かったくらいならともかく、飛行機に乗れなかったとしたら大変ですよね。

でも、結論から言うと難しいと思いますね。

――賠償は受けられないと。

請求するとしたら、マラソン大会の主催者か、マラソンを許可した警察（福岡県警）が相手ということになるんじゃないかなと思うので、その二つについて考えてみましょうか。

まず、マラソン大会の主催者についてですが、損害賠償を請求するためには、相手がしていることが、不法な行為と言えないといけません。

道路はみんなが使うものだから、主催者が道路を封鎖してマラソン大会をやっていることが、不法な行為なのかが問題となります。

この点、道路に関する法律「道路交通法」で、「一般交通に著しい影響を及ぼすような通行の形態若しくは方法により道路を使用する行為」で、「公安委員会が定めたもの」については、警察署長の許可が必要とされています。この公安委員会が定めたものの一つに「競技会」があって、マラソン大会もこれに当たるんです。[*4]

だから、「道路使用許可」が必要なんです。

もし、主催者が許可を取らずに勝手にマラソン大会をしていたら、何の権限もなく道路を封鎖して、その結果、飛行機に乗れなかった訳なので、損害賠償が認められる可能性はあります。

――でも、普通マラソン大会だと、主催者は道路使用許可はとってますよね。

そうですね。普通とってますよね。

じゃあ、警察の責任を考えてみましょうか。

警察は、マラソン大会との関係でいえば、さっきの道路使用許可をするかしないかという点と、実際に警備をしているという2点でかかわってきます。

まず、道路使用許可の点ですが、警察署長は道路使用許可の申請がなされた場合、①交通の妨害となるおそれがないとき、②許可に付された条件に従っておこなわれれば交通の妨害となるおそれがなくなるとき、③交通の妨害のおそれはあるが、公益上又は社会の慣習上やむを得ないときは、許可しなければならないとされています。

そして、マラソン大会の場合許可にあたっては、通達で③の公益性を判断するにあたって、

・公益目的を有するか

・地域住民、道路利用者等の合意の度合いが十分か

・地方公共団体が主催や後援等しているか

・使用する道路及び交通の状況（原則として幹線道路等でなく、通行止めの規制は適切な範囲内）

・競技の内容、実施方法等（原則として交通量の少ない曜日・時間、スタート・ゴールは原則として道路外、関門を設ける等して時間が長くならないよう計画）

このような許可基準に従って許可をしたのであれば、基本的には警察にも損害賠償請求はできません。

もっとも、この許可基準を満たしていないのに許可したとか、許可基準に合理性がないというようなことがあれば、問題となり得るでしょうが、通常はありませんよね。

——そうですね。それはなさそうです。

実際に警備している場面でも、この使用許可を出すにあたって策定した交通規制の内容に従って警備しているんでしょうから、それによって飛行機に乗れない人が出ても、損害賠償するということにはならないでしょう。

もちろん、もう全く規制する必要がなくなった後なのに、警察が理由もなく通してくれなかったとかいうことがあれば、それは損害賠償の対象にはなり得ると思いますよ。その場合、福岡県警が相手なので、福岡県を訴えることになります。

でも、規制の必要性がないのに、警察が通行を止めることはまぁ、ないでしょうね。

——そうですね。でも、例えば、交通規制をしているなんて知らなかったとか、ちゃんと告知がされてなかったとかだったらどうでしょう?

そうですね。

通常は、交通規制による影響を最小限に抑えるように、コースを選定したり、誘導員を置いたり、事前の告知も十分に行っている訳ですが、仮にこういう対策を行わずに大会を開催したり、こういう対策が不十分なのに許可を出したりした結果、市民生活に大きな影響を及ぼしてしまったとしたら、損害賠償の可能性もない訳ではないと思いますよ。

――公共の道路を止める訳なので、大会を主催する人にも、許可する警察にも、その行為に対する社会的責任があると。

実際にはないでしょうが、事前告知を全くせずいきなり交通規制をかけたということであれば、損害賠償の可能性は出てくると思います。

市民生活への影響をできるだけ少なくすることが前提で、それをきちんと実施した上で通れなかった人が出てきた場合には、賠償云々という話にはならないんじゃないかと思います。

――なるほど。ちなみに「金印マラソン」は10キロということでしたが、フルマラソンを完走されたこともあるそうですね。

はい。2012年ぐらいだったかな。「さが桜マラソン」というのがあって、日本一フラットなマラソンじゃないかっていう大会なんですけど（笑）。坂になっているのは橋の部分だけ、みたいなコースなんです。

——平坦なので比較的走りやすい？

そうです。それを一度だけなんですけど、一応完走しました。福岡マラソンは一回挑戦したんですけど、途中で足が痛くなって、30キロか35キロぐらいのところでリタイヤしました。

——でも結構行かれましたね。糸島あたりでしょうか。

そうですね。走り出す前から膝が痛かったんですけど、それでもまぁ、なんとかその場所までたどり着いて。でも、その後もう走れなくなっちゃって、この3年か4年走っていないんです。

――糸島に行くとアップダウンが激しいですよね。

そうなんですよ。リタイヤした時には、その先に坂があるのを知っていたので、「もう無理、絶対無理！　ここで終了」って（笑）。

――福岡マラソンに出られる方は30キロから先の覚悟が必要だと。

コースの中でも海岸沿いで、いちばん綺麗なところなんですけど、坂もあります。

――体力的に最もしんどい時に坂が（笑）。でも、膝が治ればまた挑戦する可能性も？

そうですね。ぼちぼち、かな。

【結論】責任をとってもらうことはできません。時間に余裕をもって出かけましょう。

［＊脚注］

1　**福岡国際マラソン**

福岡市を舞台に、毎年12月に開催される国際マラソン。１９４７年に行われた「朝日マラソン」を発祥として、「朝日国際マラソン」、「国際マラソン選手権」と名称を変え、74年より現在の「福岡国際マラソン」となる。当初は開催地が一定していなかったが、59年から福岡に固定され、数々の名勝負を生んだ。世界記録も2度樹立されている。

2　**福岡マラソン**

２０１４年に誕生した、市民参加型マラソン。天神をスタートし、糸島市でゴールする。フルマラソンと、5.2キロの車いす競技・ファンランを含め、約1万４千人が11月の福岡を駆ける。ルーツは89～12年まで開催されていたハーフマラソン大会の「シティマラソン福岡」。

3　**瀬古選手**

元マラソン選手、現陸上競技指導者の瀬古利彦。70～80年代にかけて国内外を問わず数々のマラソン大会で優勝、記録を樹立した。福岡国際マラソンでは優勝４回。

4　**道路使用許可申請**

一般交通に著しい影響を及ぼすような通行の形態、道路に人が集まり一般交通に著しい影響を及ぼすような行為等で都道府県公安委員会が定める一定の行為については使用許可が必要（道路交通法77条第1項4号）。マラソンも「道路において競技会をすること」として許可が必要（福岡県道路交通法施行細則22条）

※道路使用許可の条件（道路交通法77条第2項）

前項の許可の申請があつた場合において、当該申請に係る行為が次の各号のいずれかに該当するときは、所轄警察署長は、許可をしなければならない。

一　当該申請に係る行為が現に交通の妨害となるおそれがないと認められるとき。

二　当該申請に係る行為が許可に付された条件に従つて行なわれることにより交通の妨害となるおそれがなくなると認められるとき。

三　当該申請に係る行為が現に交通の妨害となるおそれはあるが公益上又は社会の慣習上やむを得ないものであると認められるとき。

博多
祇園山笠

2

公衆の面前で締め込み姿。あれは大丈夫とかいいな？

――ちょうど取材している今が、山笠[*1]シーズン真っ最中。言わずと知れた博多三大祭りの一つです。勇壮な山笠と男衆の締め込み姿がシンボルのお祭りですが、締め込みを「ふんどし」って言うと怒られちゃうんですよね。

締め込み姿だとお尻が見えてるんですが、あれ、恥ずかしくないのかな。

いやー、どうなんですかねぇ。見てる方も当たり前になっちゃってるからですね。

あの姿になると、何割か増しにカッコ良く見えるのが不思議。

――そうなんですか。ご自身の山笠の思い出とかありますか。

山笠には、父が若い頃は出てましたし、弟も出ています。実家の前を山が通るんですよね。追い山の時は通らないんですけど、流舁きの時とかは通るんです。その日は、山が来る前から水を溜めて、山が来たらバーッとかけてるんです。あれ、足元にかけると喜ばれるんですよ。

家では弟たちの法被を洗ったり、母が炊き出しに行ったり。男衆だけじゃなく女性陣も結構山笠の期間って慌ただしくなるんです。

山笠は私にとってそういう夏の風物詩、アスファルトに水がかかってモワッとする雰囲気とか、独特なにおいとかは、記憶に染みついていますね。博多では、「山笠が終わったら梅雨が明ける」って言われます。

――博多に住んでいる方にとっては、もう山笠が生活の一部でしょうけど、馴染みのない人はビックリすると思うんです。例えば仮に、そういった人達がお尻出して走っているのを公然わいせつじゃないか、と言い出したらどうなるんでしょう。

そんなぁ。

一応考えてみると、身体を露出したことが問題となりそうな法律はいくつかあります。刑法では公然わいせつ罪。公然とわいせつな行為をした者は6ヵ月以下の懲役もしくは30万円以下の罰金または拘留、もしくは科料というものですね。

軽犯罪法[*2]では「公衆の目に触れるような場所で公衆にけん悪の情を催させるような仕方でしり、ももその他身体の一部をみだりに露出した者」が違反となります。あとは条例でも似た規制がありますね。例えば福岡県の迷惑防止条例では、第6条に「何人も、公共の場所又は公共の乗物において、正当な理由がないのに、人を著しく羞恥させ、又は人に不安を覚えさせるような方法で次に掲げる行為をしてはならない」とされていて、その行為に「卑わいな言動をすること」というものがあるんです。ここら辺にあたるかあたらないかというところが問題になってくるかと思います。

――なるほど。なんか色々あるんですね。

まぁ、一応ですね。

それで、まず、刑法の公然わいせつ罪にあたるかなんですが、ここにいう「わいせつ」というのは、「徒らに性欲を興奮又は刺戟せしめ且つ普通人の正常な性的羞恥心を害し善良な性的道義観念に反するものと認められもの」とされています。

――いかにも法律的な表現ですね……。一般人にはわかりにくい。

あはは。そうですよね。

この小難しいいいまわしは、最高裁判所が「サンデー娯楽事件」で判示した言葉なんです。①性欲を興奮又は刺激させ、②性的羞恥心を害し、③性的道徳観念に反するのがわいせつという訳です。その後もわいせつに当たるかが争点となった最高裁判例がいくつも出ています。*3

それで、山笠の締め込み姿がこの「わいせつ」にあたるかですが、これはさすがにあたらないでしょう。①と②は微妙に思う人もいるかも知れませんが、少なくとも締め込みすがたが③にあたるという人はいないんじゃないでしょうか。

ただ、祭りの中には全裸になる祭りもあって、それが警察から公然わいせつにあたると警告されたことがあるそうです（岩手県の黒石寺蘇民祭）。結局逮捕はされてないみたいですし、このお祭りの他にも全裸になるお祭りもあるようですが、逮捕されたという話は聞きません。裸であったとしても、「わいせつ」か否かは、裸かどうかで決まる訳ではないですから、神事であることなどが考慮されているんだと思います。

——なるほど。では、軽犯罪法はどうですか？

軽犯罪法の「公衆にけん悪の情を催させるような」というのは、ようするに、不快なきもち、嫌な気持ちになったということなんですけど、まぁ、中にはそういう人いるかもしれませんが、通常の人がどう思うかで判断するんです。難しくいうと「一般の通常人の風俗感情上不快の念を与えるような」と言えるか。

そしてそういう「仕方」で露出する場合が違反なのですが、方法や態度、その他の状況を総合的に考慮して判断します。

締め込みは、山笠の正式な装束でもあるし、祭り自体が神事ですよね。見えている部分もおしりは見えてますが、他の部分は隠れているし、そういう方法や状況を前提に通常の人の感覚で考えれば「不快の念を与える」とはいえないでしょう。

――条例違反は？

条例では、「卑わいな行為」になるかが問題となります。これは「社会通念上、性的道義観念に反する下品でみだらな言語又は動作」のことをいうと言われています。山笠という神事を締め込みという装束で行っていることは、社会通念に照らして、下品でみだらとはいえないから、これにもあたりません。

ちなみに、この迷惑防止条例違反、罰則が6ヵ月以下の懲役または50万円以下の罰金となっていて、公然わいせつ罪より法定刑が重いんです。こういう条例も認められています。

結局、山笠の締め込みは法的には問題ないと思います。

——ほっとしました。山笠の期間中は、締め込み姿でも問題ないんですね。ただし、お祭りじゃない時に……。

あの格好でうろうろしていたら、おまわりさんに「君、ちょっと」って声をかけられる可能性はあると思いますよ。

——ですね。山のぼせもほどほどにということで。

私は、あの格好、好きなんですけどね。個人的には。

【結論】 安心してください。大丈夫です。

［＊脚注］

1　博多祇園山笠

山笠の発祥には諸説あるが、現在最も有力視されているのが本書「歴史編」の項でも触れた承天寺開山の祖、円爾（聖一国師）の祈祷に由来するという説。鎌倉時代の仁治２（１２４１）年、博多で疫病が流行したため、円爾が施餓鬼棚に乗って水を撒き、疫病退散を唱えてまわったという故事が始まりだとされている。

2　軽犯罪法

軽微な秩序違反行為に対して拘留、科料の刑を定める法律。１条２０項に「公衆の目に触れるような場所で、公衆にけん悪の情を催させるような方法でしり等をみだりに露出した者」は拘留又は科料とされると規定している。

3　公然わいせつに関する判例

サンデー娯楽事件　最高裁　昭和26年5月10日判決
チャタレー婦人の恋人事件　最高裁　昭和32年3月13日判決
悪徳の栄事件　最高裁　昭和44年10月15日判決
四畳半襖の下張り事件　最高歳　昭和55年11月28日判決　等

山のぼせ

③ 極端な山のぼせ、縁切られても仕方なか？

——博多祇園山笠は、何百年という歴史をもつ由緒正しいお祭りです。今は博多っ子にとって生活の一部。中にはもう山笠命で、いわゆる「山のぼせ」という人が結構あちこちにいらっしゃるみたいですね。仕事もそっちのけで山笠という。

そうですね。7月に入ったら仕事はせずに法被を着て山笠一色という人はいっぱいいます。「長法被」という長いガウンみたいな法被があるんですけど、それが正装なので、長法被姿でどこにでも行けるんですよね。結婚式も行けるしホテルにも入れる。お葬式は経験ありませんけど（笑）。

——博多っ子のフォーマルウェアですね。

あれを着たらまた気分が上がるんでしょうね。私たちの同業者でも何人か山笠命の人がいて、さすがに裁判所では見ませんが、同業者の集まりに長法被姿で来ているのを見たことはあります。

——山笠の行事がある、というのが裁判員辞退の正式な理由になるらしいという話も聞いたことがあります。*1

えー、それは知らなかった。あったとしても、福岡地裁ルールですね、地方ルール。

——いずれにしても、博多の風物詩である山笠。そういった博多の伝統を伝えているという素晴らしい面もある一方で、仕事も家庭も顧みず、すべて山笠優先という極端な「山のぼせ」の人もいらっしゃる訳です。例えばその奥さん、山笠風に言うとごりょんさんですが、山笠のシーズンを経ずに結婚して、後で「この人すごい山のぼせやった。仕事もせんし、子どもの面倒も見らん」ということに気付いたときに「もう離婚する！」と言えるものなのですか？

うーん、山笠にのめり込む男気や、少年の心を愛してほしいところですが（笑）。まず、どういう場合に離婚できるかという点から説明しましょう。

離婚するときには夫婦で話し合いますよね。その時に、相手が「分かった、離婚する」と言ってくれれば、どんな理由でもできるんです。山のぼせだからということでも、顔が気にくわないということでも、向こうが承知してくれれば離婚はできます。一般的にここまでは協議離婚という形で進んでいきますが、そこで話がつかなければ、調停で話し合いをすることになります。調停は裁判所でお互いに話をするという形で進むんですけど、そこで「分かった、離婚する」という話になれば、協議離婚と同様に、どんな理由でも、特に理由がなくて「もう飽きた」ということでも離婚できます。

――調停がまとまればということですね。

向こうが「うん」と言えばＯＫです。問題は、向こうが「うん」と言わないとき。調停しても結局「いやだ」と言われれば裁判をしないといけないんです。但し、裁判をしたときに、法律で認められた離婚理由があれば相手との合意がなくても離婚できることになっています。

離婚できる場合として法律で決まっているものが五つ。一つ目が「不貞行為」、いわゆる不倫ですね。二つ目が「悪意の遺棄」。これは簡単に言えば家庭を放ったらかした時なんですけど、単に別居しただけではダメで、いろんな事情が考慮されます。三つ目が「3年以上生死不明」。生きているか死んでいるか分からない状態。四つ目が「強度の精神病で回復の見込みがない」。これはあまり使わないですけど。そして、五つ目が一番多く使う離婚原因で、「その他婚姻を継続し難い重大な事由」というもの。以上の五つが認められていて、これらに該当すれば離婚ができるという形になっています。

――「婚姻を継続し難い重大な事由」とは、具体的にどんなものですか？

なんか早口言葉みたいな感じなんですけど（笑）。どんな場合がこれに当たるかというと、代表的なものは暴力とか虐待ですね。DV夫とは結婚が継続し難いじゃないですか。あとは浪費やギャンブル、過度の飲酒、長期間の別居などがあって、こういう理由があると、もうこれ以上結婚生活は続けられないでしょうということで離婚が認められます。

――第三者から見て、「これは無理」だと判断される訳ですね。

ただ、暴力も1回あれば離婚理由になるという訳ではなくて、言葉の暴力なども含めて、その暴力によって二人が信頼し合って、家庭生活を築いていこうという関係が維持できないほどに壊された、という状況であればこれにあたるという訳です。

それで話を元に戻すと、普通に山笠が大好きというだけで婚姻関係が崩れるということはないと思うんですけど、山笠を優先して定職につかず、家族が病気でも大事な日でもなんでも放って山笠を優先してしまうとかいった状況で、何度話し合ってもお願いをしても、事情をきちんと説明しても変わらない、挙句は話し合いもしないし改善の努力もしない……というような状態だったら、離婚理由と判断されますよね。だけど「俺が悪かった！」って言って、改善したと思ったらまたフラフラ〜っと出ていくような感じで、奥さんも「こういう良いところもあるとよね」って形でそこそこ折り合っているなら、なかなか難しいかもしれません。

——なるほど。「悪かった、ごめん！」って言っておいて、また翌年同じことが……。

それが何年も続けば、もう改善の見込みがないということで「継続し難い事由」って言われると思いますよ（笑）。

——どんなに夢中になれるものがあっても、配偶者には気を遣って、家族を大事にということですね。

そうそう、そこ大事です。家庭は一回壊れるとなかなか修復できません。妻と子がいなくなってから反省しても元には戻らないので、本当に大切にすべきものは何かを忘れてはいけないと思います。

――山のぼせの方たちも「うちの妻は理解がある」って思っているだけかもしれませんからね。

そう。ごりょんさんは基本的に山のぼせに寛容だと思いますが（まぁ、諦めてるだけかもしれませんが……）私の経験から言うと、一旦別れると決めたら、女性の方が決心が固いんですよね。だから、「理解がある」と慢心していると、大変なことになるかもしれません。

――もしかして、そんな山のぼせで痛い目に遭った人も見てこられましたか？

いやぁ、あんまり聞かないですね。

私の場合は、友達も兄弟も実家の商売に関わる人たちも、平日の昼間から山笠に出て、明るいうちからお酒を飲んだりしてるのも見ているし、小学生も朝山とか追い山の日は学校に遅れて来たりしていたけど、そういうことに誰も文句を言わない中で育ってきました。けど、離婚までしたという話は聞いたことがないですね。奥さんが理解があるのか、もしくは山のぼせ以外にも何か原因があってそれが理由で離婚しているのか。「もう、しゃあない」って諦めてるのかなあ。

――本当に山笠に対しては、博多の人はみんな寛容だなぁという感じですね。

大事なお祭りですからね！

【結論】寛容なごりょんさんに甘えすぎると、縁切られても仕方なかよ。

［＊脚注］

1　**裁判員の辞退**

裁判員に選出された場合、原則として辞退はできない。例外として、「70歳以上」「学生」「会期中の議員」といった辞退事由に該当する人や、病気や怪我、介護、妊娠中など「一定のやむを得ない理由」があると認められた人に限り辞退ができる。

玉せせり

4

最低男への「勢い水」は犯罪になるげな!?

――筥崎宮にも、山笠に匹敵する大きな伝統行事「玉取祭」[*1]があります。一般に〝玉せせり〟と呼ばれている、勇壮なお祭りですね。奉納されている木の玉に触れると良いことがあるとされていて、男たちが奪い合いながら玉をせせるから、玉せせりと。

昔、おばあちゃんから「そげんせせくらんと!」って怒られたりしてたけど、その「せせり」ですよね。博多弁かなぁ?

玉せせりは、お正月の頃のニュースで、いつも紹介されますよね。でも私、これは実際に見たことがないんですよ。

――いつでも見られる、と思ったら案外足を運ばなかったりしますよね。ちなみに、玉せせりはもともと、浜側の人たちと陸側の人たちに分かれて、玉を勝ち取った地域の方が良い年になる。例えば海側が取ったら豊漁だ、陸側が取ったら豊作だ、ということでものすごい争いが繰り広げられていたそうです。激しい、博多らしい祭りで、しかも寒い中、皆さん上半身裸です。

締め込みだけですもんね。山笠は夏なのに水法被着てますけど。

――勢い水をかけられるとその湯気が立ち上るというのがひとつの見どころといわれているんですが、玉せせりにしても山笠にしても、勢い水をバーッとかけられていますよね。それで連想するのが、ドラマの世界でよくある、喫茶店で別れ話をしていて「最低!」とか言いながらバシャッとコップの水をかけるシーン。物語の中だけの話なのかどうか分かりませんが、あれを実際にやると罪に問われるものなんですか?

現実にああいったシーンがあるのかどうかは置いておいて（笑）、本当にバシャッとやっちゃったとすれば、法律的には「暴行罪」になる可能性はあります。

暴行罪の「暴行」って、人に対する直接または間接の有形力の行使といわれていて、不法なかたちで物理的に力が加われば暴行にあたるんです。簡単で分かりやすいのは殴るとか蹴るとか。それでケガをさせてしまったら傷害罪、ケガをしていなかったら暴行罪ということになります。

ただ、実際には殴る・蹴る以外でも、裁判例の中では毛髪を根元から切るとか、衣服を引っ張る、人に対して農薬を散布する、室内で日本刀を振り回すというのも暴行罪とされました。日本刀を振り回すのは当たる危険があるからですね。実際に体に当たらなくても、体に対して危害を加えていると捉えられています。

ギリギリのところでは、お清めと称して塩を振りかける、唾を吐きかけるというのも暴行罪としたものがあります。学説上批判もあるところなんですけど、唾を吐きかけることが暴行になるんだったら、水をかける行為も暴行になり得ますよね。ただ、そんなに違法性がないという理由で犯罪としない事もあり得ます。状況次第かな。

——暴行だとはっきり分かるものもあれば、これはギリギリどうかな、みたいなものもあるんですね。

そうですね。私が暴行罪で実際に担当したことがある事案は、お尻を触ったというものがありました。確かに、人体に対する有形力の行使で、暴行といえば暴行なんですけど、ちょっとイメージと違いますよね。

これは男性が男性のお尻を触ったという事案だったんです。それが女性であれば強制わいせつとかの話になってくるんでしょうけど、男対男なので、わいせつの意図の立証が難しいということで、暴行で起訴されていたんです。暴行で起訴されるとか珍しいなと思ったら、起訴状を読んで、なるほど、暴行やなあ、と思った覚えがあります。

——暴行にもいろいろありますね……。

中には、「ブラスバンド用の太鼓を室内で連打し被害者を朦朧とさせた」というものもありますよ。これは音による暴行ですね。間接的にでも体に有形力が行使されれば、直接体に触れなくてもいいんです。

——判例の資料に「催眠術」という言葉が見えますが、催眠術をかける行為も暴行になる可能性があるということですか?

それはならないと言われています。暴行罪は物理力の行使なので、心理的作用ではダメなんです。ただ、催眠術で精神的な障害が生じれば、傷害罪が成立することはあります。

——なるほど。話を戻して、水をかけるという行為は暴行になる可能性があると。もしこれが、超高級スーツにかかって台無しになった。これも犯罪じゃないかと言われたら?

「器物損壊」になるかどうかという話だと思うんですが、水でスーツの機能は壊れないので、器物損壊にはならないでしょうね。服ではなく、例えばスマホが濡れて使えなくなったとかであれば、器物損壊に該当する可能性が出てきます。故意があるか微妙ですが。あと、民法上の損害賠償責任も負う可能性があります。

――そうですか。激昂して水をかけたりしないようにしないといけませんね。

水をかけられるほど相手が悪いことをしているのかもしれないですけどね。

――含蓄のあるお言葉、ありがとうございます。ともあれ、水をかけられるのは、山笠と玉せせりの時だけにしておきましょうということで……。

【結論】暴行罪になる可能性があります。

［＊脚注］

1　**玉取祭（玉せせり）**

室町時代に始まったとされる、筥崎宮の神事。毎年1月3日、筥崎宮に収められている「陽玉」と「陰玉」を末社である玉取恵比寿神社に移動し、祭典を行なった後に「競り子」と呼ばれる男たちが陽玉を奪い合いながら筥崎宮まで運ぶ。

筥崎宮

5 限定商品を買い占めて荒稼ぎする輩ばどげんかしちゃって！

――千年以上の歴史を持つとされている筥崎宮。博多の三大祭りの一つ「放生会」や、前項でも取り上げた〝玉せせり〟とも呼ばれる「玉取祭」などが行われることでも有名です。特に放生会は毎年すごい人出で賑わって、普通に歩けないくらいですよね。

本当にどこから集まってきたのか、っていうくらい人が来ますよね。

――博多の風物詩である放生会ですけど、その目玉の一つとして、おはじき[*1]というのがあります。最近販売制度が変わったんですが、以前は放生会の日に、毎年バリエーションの違う限定おはじきが売られていたので、それを手に入れるために前日の夜から並ぶという人たちが多かったみたいです。

私もずっと博多に住んでいるんですけど、買ったことも、見たこともありませんでした。テレビのニュースで「一瞬で完売した」というのを見るだけの存在で、幻のおはじきでしたね。誰が持ってるんだろうっていう。

——都市伝説みたいな（笑）。でもやっぱり、販売時には行列がすごいことになって警備が大変だったようです。そういった点も含め、色々な物議を醸したこのおはじきなんですが、買うために並んだ人の中には、個人的に楽しむのではなく、転売目的で購入してネット上で高く売るという人も結構いたみたいです。ちょっと眉をひそめるような行為なんですが、こういった転売方法というのは、法律的に見てどうなのでしょう。

そういう人が頻発したのも筥崎宮が販売形態を変えた理由の一つなんですよね。転売目的で買い占めるなんて、バチが当たるんじゃないかと思うんですけど、法律的な視点で言うと、違法ではないんですよ。現状では、マナーの問題。限定商品を転売目的でまとめ買いして売るというのを、直接禁止する法律はないんです。

これがチケットとかであれば、「ダフ屋」[*2]行為にあたるとして、ほとんどの都道府県の条例で禁止されています。[*3]福岡県の条例でも同様です。でも、この放生会のおはじきは、チケットなどではないじゃないですか。だからこれは規制の対象外で、少なくとも今のところは違法ではなく、マナーの問題になります。売り主のほうが工夫しないといけない。

先日の報道では、外国の人たちが限定品の人形を買い占めてトラブルになった事例もありましたけど、買い占めること自体は取り締まることができないから、ショップ側が1人何点までとか管理して、善良な人が嫌な思いをしないように努力しないといけない、というのが現状なんです。

――チケットとかが例外ということですが、金券ショップとかもありますよね？　金券は安く売っているから大丈夫なんですか？

条例では「公衆に発売する場所」で買ったり、「公共の場所、公共の乗り物」で売ってはいけない、とされているんです。自社店舗での売買は、それに当てはまらないから条例違反ではありません。

――なるほど。イベント会場とかの近くで「チケットあるよー」とか「チケット余ってない?」って言いながら立っているおっちゃんは……。

まさにその人たちがダフ屋です(笑)。条例にひっかかります。

――でも、やっぱり目にしますもんね。それだけニーズがあるのかもと思ってしまいますけど、今は「ネットのダフ屋」みたいな、転売サイトとかも結構あります。

それについては問題性が指摘されていて、ネットの世界をどう扱うかの議論がされてきました。これまでは「転売目的で公衆に販売する場所で購入した」点を条例違反として、取り締まっていたのですが、2018年にネット上のダフ屋行為を禁止する法律ができて、2019年の6月から施行されます。この法律は、条例より範囲が狭いのですが、「特定興行入場券」の不正転売や、不正転売目的の譲り受けに対し、1年以下の懲役か100万円以下の罰金、もしくはその両方が科せられるようになりました。[*4]

——東京オリンピックのチケットの事を考えたんでしょうね。でも、先ほどもお話があったように、売り手側の工夫というところも大きいと思います。コンサートチケットも顔認証だったり、本人確認が進んでますよね。

そうみたいですね。でも、都合が悪くて行けなくなったり、体調が悪くて行けないみたいな時はどうなるのかな?

——いずれにしても法による規制だけでなく、売り手側の様々な工夫が求められている状況かなという感じですね。ちなみに先生は、放生会へはよく行かれますか?

それが、あんまり行ったことないんですよ。凄く行きたかったんだけど、小さい頃は、うちの親が放生会に行くと「買って買って」とせがまれるので、あまり連れて行ってくれなかったんです。それでも、何回かは行って、昔懐かしいヒヨコ釣りだとか金魚すくいだとかはやった記憶がありますけど……。でも、ヒヨコも金魚もすぐ死んじゃって悲しかった（涙）。

——今はどうですか？

それが、自分が親になると、子どもを人混みに連れて行くのは、やっぱりキツい。放生会はまた一段と人が多いし、子どもへの誘惑も多いし。なので、あんまり連れて行ってないですね。

——確かに、私も小さい頃に行った覚えは全然ないですね。

やっぱり。でも、身近なお祭りではあります。秋の頃になると道路が渋滞して「あ、放生会か。そういえばその時期やったね」って、それは毎年いつも言っています。なんだかんだいっても福岡の風物詩ですよね。

【結論】今の法律で取り締まるのは難しそう。販売方法などの工夫が必要。

［＊脚注］

1　放生会のおはじき

博多人形の研究団体「白彫会」によって作られ、「放生会おはじき」として売られていた工芸品。本文で記した事情などを反映して2017年に販売が中止されたが、現在は「筥崎宮おはじき」として通年販売されている。

2　ダフ屋

チケットなどの売買人。香具師（やし）の隠語である「場所」→「ショバ」、「くじ」→「ジク」などと同様に「札（チケット）」が反転して「ダフ」となり、売買人が「ダフ屋」と呼ばれた。反社会的組織と結びつくことが多かったため、現在は禁止されている。

3　福岡県迷惑防止条例

（乗車券等の不当な売買行為（ダフ屋行為）の禁止）

乗車券、入場券等を不特定の者に転売する目的で、公衆に発売する場所で買ったり、公衆の列に加わって買おうとすることを禁止し（2条1項）、また、転売目的で得た乗車券等を公共の場や公共の乗り物において、不特定多数の者に売ったり、つきまとって売ろうとすることを禁止している（同条2項）。

4　ネット上のダフ屋行為を禁止する法律

特定興行入場券の不正転売の禁止等による興行入場券の適正な流通の確保に関する法律（2019年6月14日施行予定）

特定興行入場券の不正転売をし、または特定興行入場券の不正転売を目的として特定興行入場券を譲り受けた者は、1年以下の懲役若しくは100万円以下の罰金に処し、又はこれを併科するとされた。

コラム❸

私と医療過誤訴訟

私が力を入れて取り組んでいる分野の一つに医療過誤訴訟があります。

元気になるために受けた医療行為で、思いもよらない結果が生じてしまうのが医療過誤です。時々、ニュースとかでも取り上げられていますよね。出産の事故や手術中の事故など、内容は様々です。

本人も家族もその結果を受け入れることができず相談に来られます。

弁護士は、事案を分析して、法的に責任を問える可能性があるかを検討しますが、すべてに法的責任が問えるわけではありません。

問題がないケースや、法的責任を問うのが難しいケースもあります。そのときは、できるだけ丁寧に説明するように心がけています。いたずらに紛争化することは、患者さんのためにも医療のためにもならないからです。

そして、お引き受けしたケースについては、ご本人と家族に寄り添いながら、弁護士として持てる力をすべて注いで取り組みます。

元に戻してあげることはできないけれど、避けることのできた事故で受けた被害の一部でも回復のお手伝いをしたいと思っています。そして、そのことがよりよい医療の実現にもつながると信じています。

おわりに

私は博多の海産物屋に生まれ、博多の下町で育ちました。

小学校の行きかえり、あっちの家に寄ったりこっちの家に寄ったりしながら、その家の飼い犬と遊んだり、何かをもらって食べたり、時にはこたつに入ってテレビをみせてもらったりしました。休日、忙しかった両親に代わって近所の人が、山に遊びに連れて行ってくれたこともありました。

人はあったかく、世話好きでした。


そんな気質が私の中にもあったのか、やがて弁護士を志すようになりました。

人と関わり、人の役に立つ仕事に魅力を感じたのだと思います。

受験勉強はそれなりに大変でしたが、過ぎてみれば自信につながる大切な時間となりました。


そうやって弁護士になって、もうすぐ20年になります。

これまで多くの案件を受任し、いろんな依頼者の方の伴走をしてきました。

たくさんのトラブルや、いろんな人生を見てきました。


経緯は様々ですが、争いごとに巻き込まれれば、人はみな疲弊します。

裁判で勝ったからと言って、必ずしも被害が全て回復する訳ではありません。

お金、時間、社会的地位や名誉、そして体や心と、いろいろなものがすり減り、傷つき、失われてしまいます。

争いになる前に、相談に来てくれていたら。

ここまで揉める前に、依頼してくれていたら。

そう考えることも少なくありません。

そんな状況に成る方を少しでもなくせれば、できれば、この本を手に取っていただいた方がそんなことにならないように、これまで約20年で得た経験と思いをこの本に込めました。家族にも親類にも、弁護士や法曹関係者のいない私が、どういう訳か弁護士になり、たくさんの人に支えられながら、20年近く弁護士を続けられたことへの感謝の気持ちを込めて。

私を育ててくれた福岡・博多の街と、周りのすべての人に感謝します。
これからもみんなに愛される街、愛される人であり続けることを願っています。できることは限られているけれど、私も、弁護士として人として精一杯走り続けたいと思います。

2019年2月吉日

あかつき法律事務所
弁護士・波多江　愛子

【著者】
あかつき法律事務所 弁護士
波多江 愛子（はたえ・あいこ）
筑紫女学園高校、西南学院大学法学部法律学科を卒業後、2000年に福岡県弁護士会登録。2004年、あかつき法律事務所を開設し、現在に至る。博多っ子らしい、親身な対応から幅広い相談を受ける。相談者の声をよく聞くこと、あるべき法的解決を目指すことをモットーに、毎日明るく元気に取り組んでいる。趣味は土いじりとジョギング。

それどげんなると？
法律知識《ほうりつちしき》で読《よ》み解《と》く 福岡《ふくおか》・博多《はかた》

2019年4月15日　第1刷発行
2019年7月15日　第2刷発行
著者　波多江 愛子
発行者　田村 志朗　発行所　㈱梓書院
〒812-0044　福岡県福岡市博多区千代3-2-1
TEL　092-643-7075　FAX　092-643-7095
印刷／製本　大同印刷㈱

ISBN 978-4-87035-646-7